人大附中名师语文课

丛书主编 王艳

走进古典诗词写作

（修订版）

解村　王强　昌盛　著

中国人民大学出版社
·北京·

总　序

自 2018 年以来，“人大附中名师语文公开课”系列图书陆续问世。如今更名为“人大附中名师语文课”，是为了更简洁方便。名之曰“课”，是因为这套书来自我们的语文课，也是希望向读者呈现我们真实的语文课堂。

所谓“来自语文课”，即我们目前已经出版的《中学论语专题精讲》《走进古典诗词写作（修订版）》《佟先生的语文课》《青春红楼：红楼梦整本书阅读》等书全部源自人大附中必修、选修、读书班等各类课程。其内容，或肇始于教学总结，或脱胎于校本教材；其行文，亦是课堂的语言，生动活泼、清新自然。

所谓“呈现课堂”，即此套书不是单向度的讲义、读本，而是师生互动的实录，书中内容的编排与我们的课堂形式密切关联。比如《中学论语专题精讲》，以专题形式设计，附以相应的思考题，正是为了配合“《论语》研读课”专题研讨、师生共读的课堂形式；而《走进古典诗词写作（修订版）》中收录大量的学生联句、学生诗词和教师点评，正是“中国古典诗词写作课”作为实践类课程强调动笔的真实呈现。我们不仅能够在其中看到相关的知识讲授，更能够看到师生在讨论切磋中迸发的智慧光芒。

因此，这是一套“鲜活”的图书，我希望读者们能够在读书的时候“动”起来，参与到我们活泼生动的课堂中来。

这套图书的问世，其背后是我们人大附中语文组近些年来开展教育教学改革的一些探索。当下，语文学科在立德树人方面的重要价值正在逐渐凸显，社会也对新时代的语文教学寄予了新的期望，这使我们不得不重新思考我们的教育理念、教学内容以及授课方法。

我想，语文学科的价值，不仅仅在于学问、技能的传授，更在于德性、胸怀的涵养。好的语文课，应该以道为本，由术而道，道术兼备。在知识的传授中，学生获得心灵的洗礼、文化的熏陶。因此，我们希望能培养出兼具传统底蕴、现代精神与世界眼光的文化中国人——这就是我们课程建设的育人目标。在此目标下，人大附中语文组不断解放思想、开拓创新、挖掘教师潜力，逐渐构建了“四级立体人文课程体系”，即基础类底色人文课程、拓展类多元人文课程、荣誉类个性人文课程和实践类活动人文课程，并坚持在其中贯穿中国优秀传统文化的教学。

在这一过程中，我们收获了不少有益的经验，也创造性地开发出一批深受学生喜爱的热门课程，涌现出一批“明星”教师。

尤其是在选修课领域，其灵活、开放、自由的特点，更是激发了老师们的创造热情。此次出版的系列图书，正是人大附中语文组在这方面进行改革探索的部分成果。其中，《中学论语专题精讲》和《走进古典诗词写作（修订版）》脱胎于近年我校选修类精品人文课程，凝聚着三位饱读诗书的青年教师的匠心，从中可见其锐意创新、不拘一格的才子风采。《佟先生的语文课》是有着多年从教经验的佟世祥老师的专著，佟老师风神潇洒，卓荦不群，有“国文先生”之雅号。《青春红楼：红楼梦整本书阅读》则是我们为适应新课改新教材的要求而进行的整本书阅读教学的探索与实践的成果，重在对整本书进行内容梳理和专题引导，以期建构学生心中的红楼世界，给予阅读的助力。作者崔秀霞是语文组的《红楼梦》专家，也是出版了几部专著的青年女作家。

在课程的开发和课程体系的建设中，我真切地认识到教师在教育教学中的重要价值。挖掘潜力，解放个性，不仅应该是我们教育学生的宗旨，也应该是我们培养青年教师的方针。尊重学生，解放教师，是一个学科、一所学校之创造力与行动力的源泉。人大附中是一片鼓励创造的沃土，我们的课程正是在这片沃土上盛开的花朵。我们不揣固陋，接受了出版社的建议——将此套丛书冠以“名师”二字，以此寄寓我们的自我期许与自我鞭策。

传承文化，探索教学，让更多的少年学子了解传统文化，爱上传统文化，是我们这些普通的基础教育工作者的初心与使命，也是我们孜孜不倦、耕耘不辍的园地。那么，这套丛书也可以看作我们的“寸心自许”。

“人大附中名师语文课”的出版，适逢人大附中建校七十周年校庆。学校不仅是学生成长的苗圃，也是教师发展的园地。这套丛书的出版，及其相关的课程研发、学科体系建设、教师的专业成长，都离不开学校的大力支持，谨以这套丛书的出版作为语文组向学校的一份小小献礼吧！

是为序。

主编

2020 年 6 月

代　序

诗词进校园的有益尝试

——《走进古典诗词写作》读后

人大附中的老师寄来《走进古典诗词写作》书稿，嘱我为之作序。作为从人大附中毕业50多年的学生和中华诗词学会、中华诗词研究院顾问的我，自然是义不容辞，只是自己对诗词的研究不深不透，难当其任，只好另写一篇读后应命，权作“代序”。

这真是一篇“读后”！原来只想粗粗翻阅一遍，但一打开书稿，“绪论：从‘诗骚’到‘诗词’——中国诗歌发展简述”便把我吸引住了，让我忍不住一章一章看下去。为什么？因为作者们写得简单明了而又细致入微、丝丝入扣。我十年前就编著出版过类似的书《中国诗学举要》，但那只是“大而化之”的诗学梗概，有些地方并未深究其根、详述其理。人大附中的《走进古典诗词写作》却溯本求源，讲述了中华诗词的来龙去脉：从先秦北方的

《诗经》、南方的楚辞（主要是屈原的《离骚》），到汉魏、唐宋时期的“乐府”“拟乐府”“新乐府”和文人古诗，再到近体诗和词，脉络异常清晰。在此基础上生发出“近体诗”的写作、“古风”的写作和“词”的写作。而这所有体裁诗或词的写作，却离不开《诗经》中的“风”“雅”“颂”等形式和“赋”“比”“兴”等手法，亦即“现实主义”的创作风格，或《离骚》中的“浪漫主义”创作风格，或两种创作风格兼而有之。

在诠释上述创作风格和手法时，《走进古典诗词写作》的作者引用大量实例，不仅引述古人的，还引述了学生的习作，这就更有说服力和“亲和力”，且有很强的激励作用，加上作者对一些名作的点评，形成了“立体式”的教学，其效果肯定会事半功倍。另外在讲解诗词的格律和句法、篇法时，作者特别注意“深入浅出”，突出重点和特点，同时强调：要“减少生造语”，要“语工意新”；要注意典故的化用，不要生搬硬套；要加强“炼字的艺术”，反复推敲。至于如何谋篇布局、“起承转合”等也多用实例加以说明。除此之外，还介绍了近体诗的几种“玩法”，也就是近体诗的几种趣味练习法。在诠释诗词的格调时，作者不是采取旁征博引的综合论述方式，而是精心选择一家来全面解读。作者选中了北宋著名诗人黄庭坚的诗词创作理论，从诗经的“兴象”和“义理”说起，说到黄庭坚的“以学问为诗”“无一字无来处”等颇有争议的话题，作者认为，这并非“泥古”，而是“传承”，避免硬造。清代学者沈德潜在《说诗晬语》中说：“有第一等襟抱，第一等学识，斯有第一等真诗。”没有襟抱，没有学识，怎么能写出有格调、有情趣和理趣的好诗呢？当然，我们也不要把“无一字无来处”绝对化，而是要把前人的好东西融会贯通，变成自己的东西灵活运用。“诗品出于人品”（清刘熙载语），《走进古典诗词写作》的作者所以强调诗词的格调，也是在引导学生不仅要有学识，更要有好的品格和大的抱负。

《走进古典诗词写作》的作者一方面把重点放在了诗词创作的基础知识上，侧重探讨对古典诗词的传承；另一方面还引导少年学子以古韵咏今声，鼓励他们写了诸如咏空调、咏高铁、咏微信等具有时代气息的题材，这些努力对于诗词的改革创新是非常好的尝试。我衷心希望这门课和这本教材能够激发更多的当代学子走进诗词创作这片天地，以他们的诗笔描绘生活、书写人民、礼赞时代。

综上所述，《走进古典诗词写作》是一本很好的诗词习作启蒙书、入门书，不仅适用于在校学生，也适用于广大诗词爱好者，即便是已成名的诗人，读一读也大有裨益。这是我，一个忝为诗人之人的心里话。

中华诗词学会顾问　易　行

目　录

绪论

从『诗骚』到『诗词』

中国诗歌发展简述

诗歌的源头
先秦“诗骚”

除了那些真真假假的上古歌谣，中国诗歌最为靠谱的发端当是《诗经》和楚辞。

北方的《诗经》

《诗经》是我国第一部诗歌总集，经过孔子的删定，传世305篇。《诗经》中的作品并非一时一人之作。最早的诗篇产生于西周初期，最晚的出于春秋中叶。

《诗经》中的作品多为四言体，并采用重章叠句的章法。如《蒹葭》《采薇》等，各部分只改换个别字词，意思稍有差别。为什么要这样做？因为《诗经》中的诗是配乐演唱的。当代的歌曲，同一乐章往往也会重复演奏，相应的歌词，也是重叠反复的，这一点古今相通。据说《诗经》中的作品，孔子都能“弦而歌之”，即边弹边唱，这是孔子的教学内容之一。唱《诗》在鲁地蔚然成风，据说当年刘邦攻打鲁地的时候，鲁地的儒生还在淡定地唱着《诗经》。

风、雅、颂、赋、比、兴，被称为“诗经六义”。

《诗经》中的作品，分为风、雅、颂三类。其中风又分十五部，主要来自民歌，由朝廷从民间采集而来，并加以整理加工而成；雅分为大雅和小雅，原是朝堂雅乐；颂分为周颂、鲁颂和商颂，则是祭祀之乐。

《诗经》作品多采用赋、比、兴的手法。关于对这三种手法的理解，自古以来说法很多。按朱熹《诗集传》中的说法，“赋者，敷陈其事而直言之者也”。就是说，赋是直接铺排叙述。“比”是“以彼物比此物”，也就是比喻之意。如我们熟悉的《氓》用桑树从繁茂到凋落的变化来比喻爱情的由盛转衰。“兴”是“先言他物以引起所咏之辞”，也就是借助其他事物为所咏之内容做铺垫。它往往用于一首诗或一章诗的开头，所以也叫“起兴”。比如《关雎》中的“关关雎鸠，在河之洲”，由雎鸠鸣叫，联想到君子求偶。实际上，比和兴的界限不是很明显，古人一般也不做区分，笼统称之为“比兴”。后代的诗歌也很喜欢用比兴的手法，比如陶渊明的“羁鸟恋旧林，池鱼思故渊”就是比兴，用鸟和鱼来比自己。

《诗经》在当时是有实在的功用的，在各种礼仪场合都需要演唱相应的作品，来表达相应的情感。比如曹操在《短歌行》里所引用的《鹿鸣》，原是在国君大宴群臣时演奏，表现君臣宴饮的欢愉。曹操引用此诗，旨在表达渴慕贤才之意。

四言诗这种体裁语句短促，篇幅往往要拉得很长，后代诗人很少采用。其诗歌主流的地位也逐渐被五言诗和七言诗取代。

但是《诗经》作为“五经”之一，其地位却是后代诗歌所远不能比的。

南方的楚辞

楚辞是继《诗经》之后，产生在楚国的一种新诗体，它的开创者是战国时期楚国的屈原，宋玉为其后继者。楚辞是屈原等士大夫在吸收楚地民间歌曲的基础上加以改造而成。楚辞多采用散文化句式，不限于四言，并大量吸收方言，还有了表达主题思想的标题。“楚辞”这一文体名称是到汉代才有的，西汉末期的刘向把屈原、宋玉的作品和汉代人模拟这种体裁所写的作品汇编成集，称为“楚辞”，并编订专门收录楚辞的专集。最为著名的楚辞，当是屈原的《离骚》。

屈原的楚辞作品，往往篇幅较长，想象瑰丽奇伟，带有一定的故事性，寄托了浓烈的个人情感。作品中多出现楚国的香草，以及美人意象，以此比喻美好的德行和高尚的君子，从而形成了楚辞“香草美人”的写作传统。

楚辞影响深远而广泛。项羽垓下突围之前所作的《垓下歌》，以及刘邦巡幸故乡时所作的《大风歌》，都是楚辞。

现代文学界一般认为，《诗经》代表着中国现实主义诗歌的源头，而楚辞代表着浪漫主义诗歌的源头。中学课本中选录的《诗经》作品有《关雎》《蒹葭》《无衣》《氓》《采薇》等，楚辞则有《离骚》《国殇》《湘夫人》。

诗歌的演进

汉魏六朝的古体诗

乐府与拟乐府

我国上古有“采诗”的传统，即朝廷派人到地方去采集民歌，并由专门人员进行加工整理，配乐演奏，进献给天子，天子以此了解民情。秦汉之际，由于战乱，“采诗”一度废弛。直到汉武帝时期，才重拾“采诗”的传统。汉武帝设立“乐府”这一机构，采集民间歌谣，至庙堂上演奏观赏，久而久之，保留下来不少经典作品。于是，后人把乐府所编录和演奏的诗篇称为“乐府”或“乐府诗”。“乐府”，逐渐成为一种诗歌体裁。

乐府诗往往自由奔放，形式多样，句式整散不一，篇幅长短各异，有三言、四言、五言、七言和杂言等多种形式。我国诗歌以短篇的抒情小诗为主流，而乐府诗中却有很多优秀的长篇叙事性作品。比如汉代的《孔雀东南飞》，讲述小公务员焦仲卿和妻子刘兰芝被强行拆散又双双殉情的悲剧；北朝的《木兰诗》，讲述花木兰女扮男装、替父从军、荣归故里的故事：一悲剧一喜剧，都是故事性极强的长篇作品，被称为“乐府双璧”。在中学课本中，我们还学习过汉代的《陌上桑》，讲述了一位机智的女子秦罗敷，冷静地回应了太守的调戏，这也属于乐府诗。

后来，文人开始仿作乐府诗。有的用旧的乐府曲谱重新填词，这种行为与后代的填词非常相似；有的只是沿用乐府旧题，取其立意，实际上已经不入乐；还有的自立新题，只是效仿乐府诗的风格。我们把文人模拟创作的乐府诗称为“拟乐府”，有时候也称为“乐府”。比如鲍照模拟乐府旧题《行路难》创作的《拟行路难》组诗，就是一组拟乐府。曹操的《步出夏门行》组诗（《龟虽寿》《观沧海》皆是其中之一），以及《短歌行》，也属于拟乐府。

乐府诗极具生命力，唐代近体诗产生以后，仍旧有很多诗人热衷于创作乐府诗。比如李白创作的《蜀道难》《行路难》等，都是乐府旧题。而白居易更是倡导了一轮“新乐府运动”，力图引导诗歌重回关注民生、关注现实、讽喻政治的道路上去。比如他创作的《卖炭翁》，同情底层商贩，讽刺朝廷的采买制度，具有很强的现实意义。当然，白居易也创作了很多荡气回肠的抒情性乐府诗，比如《长恨歌》《琵琶行》，一者感慨唐明皇、杨贵妃的爱情故事，一者悲叹自身的贬谪遭遇。

文人古诗

除了乐府和拟乐府，从汉代开始，文人开始探索五言诗的创作，以《古诗十九首》为代表的汉代五言诗，风格质朴，情感真挚，我们在中学课本中学习过其中的《涉江采芙蓉》《迢迢牵牛星》两首。后来又产生了七言诗。汉代古体诗多写爱情、生死、离别、思乡等话题。无论是五言古诗，还是七言古诗，都不要求对仗，没有句数的要求，只有基本的押韵要求。

古体诗形式自由，篇幅短小，比较适合抒发文人心中的情感，因此为文人所喜爱。三曹、建安七子，都有大量的古诗作品。晋代的阮籍，创作了一组《咏怀》，共八十二首，也是非常优秀的古体诗。当然，陶渊明在古体诗的创作上成就尤为突出，其《饮酒》组诗、《归园田居》组诗和《杂诗》组诗等，无论是语言表达、意象选择还是情感立意，都堪称典范。

古体诗是比较含混的一个概念，笼统来说，近体诗之前的诗歌类型都可以称作古体诗，《诗经》和楚辞，汉魏六朝的乐府、拟乐府，以及隋唐以前文人创作的五言诗、七言诗，都可以算作古体诗。而在近体诗产生之后，诗人有意识地模拟隋唐之前的诗歌体裁的作品，也算是古体诗。

诗歌的巅峰
唐代近体诗

南北朝时期，古体诗在南朝的上层社会中逐渐走向浮华空洞，过分讲求音韵规则与辞藻的华丽，内容则沦于歌舞宴饮乃至淫秽恶俗。南朝的诗虽然有其弊端，却在诗词的格律、布局等方面给了唐代人很多启发。

唐代诗人在五、七言诗的基础上，吸收了南朝诗歌崇尚骈偶、讲求音律的习惯，从而创造了篇章、句式、对偶、音律都有相关限定的格律诗。其中，杜甫在对格律诗的探索中做出了重要的贡献。这是一种崭新的诗体，当时的人称这种格律诗为“近体诗”“今体诗”。唐代之前的诗歌于是被称为古体诗，或者古风。

近体诗主要有律诗和绝句两种形式，律诗和绝句又各有五言和七言两种形式。具体来说，律诗要有八句，分为四联。开篇一联称为首联，往往是诗的引起部分。中间两联分别称为颔联和颈联，两联皆要求对仗。这两联往往是诗歌的主体部分，需要对所写的对象进行正面的描写。最后一联为尾联，是诗歌的收尾。律诗要求押韵，且不能换韵，我们把押韵的字称为韵脚。

比如杜甫的《蜀相》一诗。

蜀　相

杜　甫

丞相祠堂何处寻，锦官城外柏森森。
映阶碧草自春色，隔叶黄鹂空好音。
三顾频烦天下计，两朝开济老臣心。
出师未捷身先死，长使英雄泪满襟。

首联讲寻找武侯祠，是诗歌的引起部分。中间两联正面写诗人在武侯祠内的所见所闻所想，是主体内容。这两联都是对仗的，即上下两句句式相同，两句中相同位置的词，其词性也相同。最后一联转而联想到自己，是诗歌的收尾。“寻”“森”“音”“心”“襟”是该诗的韵脚。韵脚，一般是平声字。而“色”“计”“死”这三个位置的字，不能入韵，而且必须是仄声字。当然，第一句的结尾字，也就是“寻”这个位置，也可以不入韵。

规范的律诗一般是八句，但是也有一种排律，是不限句数的。除了开头和结尾两联，中间各联都要对仗。这往往是文人之间为游戏而作。

绝句，也称为截句，也就是将律诗截断，只有四句。也有的学者认为所谓截句并不是把律诗截断，而是说四句一节，构成一个独立的、完整的表意单位。

绝句也是要求押韵的，但是不要求对仗，当然也可以对仗。李白的《越中览古》“越王勾践破吴归，义士还乡尽锦衣。宫女如花满春殿，只今惟有鹧鸪飞”就是一首不对仗的绝句，而杜甫的《绝句》“两个黄鹂鸣翠柳，一行白鹭上青天。窗含西岭千秋雪，门泊东吴万里船”则是对仗的。

我们把唐诗看作中国古代诗歌发展的巅峰，也不全是因为唐诗有着完备的格律体系，更是因为唐诗开阔的眼界、丰富的意境，以及真切的情感。唐诗散发着由内而外的美，感动着千古之下的读者。

从唐诗发展史来看，唐诗可以分为初唐、盛唐、中唐、晚唐四个时期。各个时期的社会风貌不同，其诗歌的气象自然也不同。

初唐时期的著名诗人有陈子昂和初唐四杰（王勃、杨炯、卢照邻、骆宾王）。陈子昂和四杰率先向陈旧的南朝宫体诗发起反击，提倡有“风骨”与言之有物的创作。

盛唐时期，中国历史上最为重量级的诗人集中登台。王维、孟浩然、李白、高适、岑参、杜甫等，对唐诗的形式和内容进行了极为宽广的探索。这一时期形成了山水田园和边塞两大诗派。

中唐时期的著名诗人有白居易、柳宗元、孟郊、韩愈、李贺、刘禹锡、贾岛等。这一时期白居易发起“新乐府运动”，引导诗歌关注现实；孟郊、贾岛等则形成了“苦吟”风格。

晚唐时期的著名诗人有李商隐、杜牧等，其作品多流露着伤感迷茫的愁思。

诗歌的新变
词与曲

词的产生

词，在唐代就已经产生。经过五代的锤炼，至宋代而达到巅峰，故而有“宋词”的说法。词最初产生于民间，中唐之后引起文人的注意，经过五代到宋，发展成文坛上一种受到普遍喜爱的体裁，并产生了大量优秀的作家作品。

晚唐时期即有大词人温庭筠、韦庄，后人称之为“花间派”。五代南唐宰相冯延巳、后主李煜都是宋代之前的大词人。

词在唐五代时被称为“曲子”或者“曲子词”，最初是在歌舞酒宴之间配乐演唱的。所以，词是一种音乐文学，与乐曲的发展息息相关。唐代时大量的胡乐传入中国，与中国旧乐相融合，形成了前所未有的“新声”，即所谓“宴乐”，又称“燕乐”，流行于歌舞宴会之间。宋代城市经济繁荣，教坊瓦肆发达，士大夫生活优裕，促成了词的繁荣。

词有固定的词牌，一个词牌对应一首曲子，词牌对词的格律有着细致的规定。比如“念奴娇”“西江月”“浪淘沙”都是词牌。词除了词牌外，还可以另起题目。比如辛弃疾的《水龙吟·登建康赏心亭》，“水龙吟”是词牌，而“登建康赏心亭”是题目。词牌的字面意思与词的内容一般没有必然的联系。

词根据长短的不同，又分为小令、中调和长调。清代学者认为，58 字以内的是小令，59 字到 90 字之间的是中调，91 字以上的是长调。这样区分实际上过于狭隘。现代有的学者指出，小令、中调、长调是依据曲子的节奏快慢划分的，较之于字数论，似乎更接近词的本质。

词又有单调、双调（一说为“两叠”）、三叠、四叠之分。单调即词只有一个段落，比如李清照的《如梦令》。双调则有两个段落，分上片和下片，一般情况下，上片叙事写景，下片议论抒情，比如苏轼的《念奴娇·赤壁怀古》。三叠有三个段落，四叠则有四个段落。

宋代开国以来，词的创作经过数十年的沉寂，至中期晏殊、欧阳修一代人方走向繁荣。词产生于歌舞酒宴之间，其内容多为儿女相思、花前月下，情感多为缠绵悱恻，并不为当时的道德观念所接受，因而始终处于地下创作、游戏创作的状态。柳永因公开作词，加之言行浪荡，被宋仁宗贬斥不用，仁宗命他“且去填词”，柳永遂沦落于歌馆妓院之间，以作词谋生。

于是就有文人试图将词加以“雅化”。苏轼开创豪放词，就是对词进行雅化的一种努力。他在选材、用语、意象、情感、音韵上，对词予以全方位的开拓和改造。宋徽宗设置大晟乐府，任用周邦彦整理古曲，开创新声，也推动了词的雅化。

宋词有婉约派和豪放派的说法，一般把柳永、李清照看作婉约派的代表人物，把苏轼、辛弃疾看作豪放派的代表人物。但是要注意，大多数的词是婉约词，而且我们所谓的豪放派词人，比如苏轼、辛弃疾，也有数量极多的婉约词作品。而李清照这样的婉约派词人，也有豪放词作品。比如李清照的《渔家傲》：“天接云涛连晓雾，星河欲转千帆舞。仿佛梦魂归帝所。闻天语，殷勤问我归何处。我报路长嗟日暮，学诗谩有惊人句。九万里风鹏正举。风休住，蓬舟吹取三山去!”其气势不亚于苏辛。

词最初是音乐文学，但是苏轼开创的豪放词，突破了音律的限制，成为一种不能演唱的词，这是词脱离音乐，走向纯粹文学的开始。对此，李清照非常不以为然，认为苏轼的词不过是长短不一的诗，背离了词的音乐性。而北宋灭亡，衣冠南渡，又遗失了大量的乐谱，使得北宋留下的词很多都无法演唱，加剧了词与音乐的剥离。

曲的产生

金元时期，在北方民间和外族音乐的基础上，又产生了一种新的乐曲曲词，就是“曲”。曲至元代而鼎盛，故而今天我们有“元曲”的说法。虽然同是配乐文学，但曲在音调、用词和用韵上与词有很大的不同，相对于词，曲更具有俚俗的特点。

曲有散曲、杂剧之分。代表人物有元曲四大家，即关汉卿、白朴、郑光祖、马致远。总体来说，曲已经走向表演艺术，与《诗经》以来的诗歌传统并不完全契合。加之本书主要研究古风、律诗和词的创作，因此关于曲，这里不做详述。

余　谈

从《诗经》到宋词，其间诸种体裁，都可以笼统地称为“诗”。诗多产生于民间，被士大夫接受并改造，成为一种雅文学。《诗经》、汉乐府、唐代的绝句、词、曲最初都是配乐演唱的，这些配乐演唱的歌词，逐渐脱离音乐，成为纯粹的文学，于是就有了新的艺术形式不断兴起。

我们要注意的是，一个时代有一个时代的文学，只是说每个时代各有其鼎盛的文学体裁和相应的审美风格，而不是说一个时代就只有一种文学样式。就好比宋代，中学阶段的语文教材往往过度关注宋词的发展，其实宋诗的创作数量和质量都不亚于宋词，甚至在诗法研究上，宋人颇有独到之处。因此，我们学习诗词创作，不要执迷于“诗必盛唐”之类的狭隘的言论，宋代的诗和元明清的诗词作品，都要涉猎，眼界一定要放宽，正如老杜所言：“别裁伪体亲风雅，转益多师是汝师。”

第一章

近体诗的写作

什么是近体诗？

近体诗也叫“今体诗”，这里的“近”与“今”是相对于唐人而言的。

元稹有“喜闻韩古调，兼爱近诗篇”（《见人咏韩舍人新律诗因有戏赠》）之句，“古调”即古体，“近诗篇”即近体，可见早在唐代就已经有了这样的概念划分。换言之，“近体诗”就相当于唐代的“现代诗”。

近体诗亦即格律诗，其声律形式发端于南朝。

《南史·陆厥传》中记载：“时盛为文章，吴兴沈约、陈郡谢朓、琅琊王融以气类相推毂，汝南周颙善识声韵。约等文皆用宫商，**将平上去入四声**，以此制韵，**有平头、上尾、蜂腰、鹤膝**[①]。五字之中，音韵悉异，两句之内，角徵不同，不可增减。世呼为永明体。”

从永明时代的“四声八病”开始，经过二百余年的探索，近体诗的声律逐渐臻于完熟，到唐代而定型。此后的历代文人沿袭一千余年，近体诗的基本格律没有多少变化。

---

① 另有大韵、小韵、旁纽、正纽，共八病，即八种禁忌。

北宋李之仪在《谢人寄诗并问诗中格目小纸》中写道："近体诗见于唐初，**赋平声为韵**，而**平侧**[1]**协其律**，亦曰律诗。"这里说到的"律诗"并不仅限于今人所谓"五律""七律"，而指的是合乎格律的诗。除了押平声韵和讲求平仄之外，近体诗对字数和对仗（绝句无须对仗）也有明确的要求。排除掉非常罕见的六言律诗/绝句和七言排律，常见的近体诗共有五类：

五言绝句

七言绝句

五言律诗

七言律诗

五言排律

律　诗

我们首先要了解的是律诗的基本结构，以杜甫的《蜀相》为例：

丞相祠堂何处寻（出句），锦官城外柏森森（对句）。——首联

映阶碧草自春色（出句），隔叶黄鹂空好音（对句）。——颔联 对仗

三顾频烦天下计（出句），两朝开济老臣心（对句）。——颈联 对仗

出师未捷身先死（出句），长使英雄泪满襟（对句）。——尾联

一首律诗共有八句，前后相对的两句称为一联，四联分别称

① 即仄。

为“首联”“颔联”“颈联”“尾联”。每一联的上句称为“出句”，下句称为“对句”。

但并非满足了字数和行数的要求就可以称为“律诗”，从这首诗中我们还可以看出律诗的一些基本要求：

（1）押平声韵：寻、森、音、心、襟。

（2）颔联和颈联对仗：如“映阶”对“隔叶”，“碧草”对“黄鹂”，等等。

（3）符合平仄规律：如“相”为仄，“官”为平；“堂”为平，“外”为仄。

这些内容我们将在下面几节具体学习。

绝 句

绝句又称“截句”，从格律上可以理解为截取律诗的一半。也就是说，绝句的一切平仄和押韵的要求都与律诗相同。至于是否对仗，何处对仗，则没有固定要求。

前两句不对仗，后两句对仗，可以理解为截取了一首律诗的前四句（首联和颔联），如孟浩然《宿建德江》：

移舟泊烟渚，日暮客愁新。（不对仗）

野旷天低树，江清月近人。（对仗）

四句都对仗，可以理解为截取了律诗的中间四句（颔联和颈联），如王之涣《登鹳雀楼》：

白日依山尽，黄河入海流。（对仗）

欲穷千里目，更上一层楼。（对仗）

前两句对仗，后两句不对仗，可以理解为截取了律诗的后四句（颈联和尾联），如杜甫《八阵图》：

功盖三分国，名成八阵图。（对仗）

江流石不转，遗恨失吞吴。（不对仗）

如果四句都不对仗，可以理解为截取了律诗的首联和尾联，如王维《山中送别》：

山中相送罢，日暮掩柴扉。（不对仗）

春草明年绿，王孙归不归。（不对仗）

此外，我们需要注意的是，绝句分为“古绝”和“律绝”。如我们熟悉的《静夜思》《春晓》等，由于不符合近体诗的平仄要求，属于“古绝”范畴，不在本章讨论范围内。本章所提到的“绝句”都属于“律绝”。

排　律

了解了律诗和绝句的原理，排律就很好理解了。“排律”即以律诗的格律铺排而成的长律诗，短则五韵①，多则数十韵甚至上百韵。

---

① 即5联，10句。由于我们将四韵称为“律诗”，所以五韵是理论上最短的排律，但实际创作多用偶数韵，如六韵（12句）、八韵（16句）。

奉送严公入朝十韵（韵数）

杜甫

鼎湖瞻望远，象阙宪章新。
四海犹多难，中原忆旧臣。
与时安反侧，自昔有经纶。
感激张天步，从容静塞尘。
南图回羽翮，北极捧星辰。
漏鼓还思昼，宫莺罢啭春。
空留玉帐术，愁杀锦城人。
阁道通丹地，江潭隐白蘋。
此生那老蜀，不死会归秦。
公若登台辅，临危莫爱身。

（“四海犹多难”至“不死会归秦”八联：对仗）

从杜甫的《奉送严公入朝十韵》中，我们可以看出排律的一些基本特征。首先，排律常常在题目中标出韵数，如这首“十韵”排律有十联（20句）。杜甫还写过著名的《奉赠韦左丞丈二十二韵》，有二十二联（44句）。白居易的《代书诗一百韵寄微之》更有一百联（200句）之多。

唐代科举考试的“试帖诗”常用六韵的排律，亦有八韵的排律和四韵的普通律诗。试帖诗大都以古人的成语或诗句为题，限定韵脚，冠以“赋得”二字，因此也称“赋得体”。

排律相当于把一首律诗的主干部分铺排拉长，全篇仍然严守律诗的平仄规则，且全篇通常不换韵。和律诗一样，排律的首联和尾联无须对仗，而中间的每一联都要求对仗。

排律也常用于“联句”，即两人以上的集体创作，后文中我们将具体介绍。

近体诗的平仄

识四声

诗词格律最基本的元素是“平”和“仄”，想了解“平仄”的概念，需要先从“四声”谈起。

我们都很熟悉，现代汉语的四声是阴平、阳平、上（读作“赏”）声、去声，即普通话的一、二、三、四声。但我们要知道，今天的普通话发音是经历了数千年的演变，尤其是经过了多次南北民族融合改造而形成的。古人写诗所用的四声和现代汉语中的四声已经有了一定的差别。如果想要深入理解古典诗词艺术，古代音韵就是我们无法回避的问题。

古汉语的四声为“平”“上”“去”“入”。

南朝梁武帝曾经问一位叫周舍的文学家“四声”是什么。周舍回答，四声即“天”“子”“圣”“哲”。这四个字分别对应的是平、上、去、入四个声调。

我们发现今天读作阳平的“哲”字被归入了入声。入声是一种有塞音韵尾（—p，—t，—k）的发音，这种韵尾并不实际发音，只用口型和舌位阻塞元音的拖长，因此听起来非常短促。

入声在今天的普通话里已经消失，而在一些方言中仍有留存。这种急促而阻滞的发音，有时会给诗歌带来凄恻、压抑的听觉效果。比如这首押入声韵的《江雪》。

江　雪

柳宗元

千山鸟飞绝，万径人踪灭。

孤舟蓑笠翁，独钓寒江雪。

用今天的普通话朗诵，我们往往会把作为韵脚的“绝”“灭”“雪”，以及句中的“笠”“独”拖长。如此则辜负了柳宗元在音韵上的苦心安排。我们可以试一试把这些入声字读得低沉而短促，看看会不会有不一样的感受。

在四声中，平声听起来明亮而高扬。上、去、入三声听起来相对暗淡而逼仄，这三声统称为仄声。而在数量上，平声字最多，上声字、去声字、入声字加在一起也恰好可以和平声字抗衡。平声和仄声的交替有如波涛起伏，带来美妙的音乐效果。这就是近体诗音律的奥秘。

自唐代以来，中国文人都使用这套中古音韵来写诗，虽然一千多年当中汉语语音不断变化，但是这套专门的“诗歌音韵”则固定了下来，为历代文人所使用。由于宋代平水人刘渊的整理，这套音韵被称为“平水韵”。直到今天，许多诗歌爱好者仍然使用《平水韵》来写诗。[1]

每个韵部下属的字数不一，从多到少可分为“宽韵”“中韵”“窄韵”“险韵”。我们可以发现，在《平水韵》里，“东”和“冬”、“鱼”和“虞”分属不同的韵部。在中古音里，许多如今读音相同的字有细微的差别，大家在读诗写诗的时候可以多加留心。另外需要提醒有意使用《平水韵》的读者，不仅韵脚

《平水韵》韵部：

上平声

一东二冬三江四支五微六鱼七虞八齐九佳十灰十一真十二文十三元十四寒十五删

下平声

一先二萧三肴四豪五歌六麻七阳八庚九青十蒸十一尤十二侵十三覃十四盐十五咸

上声

一董二肿三讲四纸五尾六语七麌八荠九蟹十贿十一轸十二吻十三阮十四旱十五潸十六铣十七筱十八巧十九皓二十哿廿一马廿二养廿三梗廿四迥廿五有廿六寝廿七感廿八俭廿九豏

去声

一送二宋三绛四寘五未六御七遇八霁九泰十卦十一队十二震十三问十四愿十五翰十六谏十七霰十八啸十九效二十号廿一个廿二祃廿三漾廿四敬廿五径廿六宥廿七沁廿八勘廿九艳三十陷

入声

一屋二沃三觉四质五物六月七曷八黠九屑十药十一陌十二锡十三职十四缉十五合十六叶十七洽

① 填词则使用《词林正韵》，由于邻韵的合并，用韵更加自由。

需要依照《平水韵》，在句中的字也要按旧音处理。比如“白”是入声字，在当用平声字的位置不能使用。

今天的北方人怎样识别入声字呢？音韵学有一套方法，但过于繁复。其实只要多背诵近体诗作品，自然可以熟识。例如，当我们不知道“白”是平是仄的时候，只需要在脑海中搜索包含“白”这个字的诗词，比如“日落江湖白，潮来天地青”，或者“露从今夜白，月是故乡明”，“白”出现在一联出句末字的位置，必然是仄声字。用这种方法，假以时日，我们就可以掌握大部分常用的入声字和古今异音字①。

当然，也有人主张使用现代汉语的语音来写诗，这样对于我们来说会简便许多，亦无不可。读者们可以参考《中华新韵》。如果使用新韵写作，那么惯常的做法是在标题旁边用括号标注“新韵”或“今声”。

总而言之，今天我们写诗用韵双轨并行。读者们可以依自己的喜好选择韵书。

《平水韵》

平：上平声＋下平声

仄：上声＋去声＋入声

《中华新韵》

平：阴平＋阳平

① 古今异音字如：“论”解作讨论时读平声，“过”解作经过时读平声，等等。另有平仄两读字如“看”“听”等。

仄：上声＋去声

平仄规则

（一）六步掌握五律格式

近体诗的平仄规则并不复杂，我们先来用六步推出一首五言律诗的平仄。

一首五律共有四联，五言八句，我们可以先得到这样一个基本形式（×表示可平可仄）：

××××× ，×××××。
××××× ，×××××。
××××× ，×××××。
××××× ，×××××。

第一步：仄起平收

仄起平收指的是，在近体诗的一联之内，出句最后一个字为仄，称为“仄起”。对句结尾押平声韵，称为“平收”。比如“竹喧归浣女，莲动下渔舟”（王维《山居秋暝》），“女”为仄声，“舟”为平声。

六步掌握五律格式

但是有一处可以例外。首联出句的末字除了仄声结尾以外，还有另一种选择，即押平声韵。比如杜甫的《房兵曹胡马》首联“胡马大宛名，锋棱瘦骨成”。又如王勃的《送杜少府之任蜀州》首联“城阙辅三秦，风烟望五津”。

这就是所谓“首句入韵”和“首句不入韵”的差别。五律多见首句不入韵，七律多见首句入韵。但反之亦无不可。

这样我们就得到了以下形式：

××××仄[①]，××××平。

××××仄，××××平。

××××仄，××××平。

××××仄，××××平。

第二步：一三五不论，二四六分明

除已确定的每句末字无须考虑外，五律每句的四个字和七律每句的六个字，都遵循一个大致原则，即“一三五不论，二四六分明”（五律则是“一三不论，二四分明”）。“不论”就是说暂时不必考虑。如此我们就可以进一步得到如下格式：

×（ ）×（ ）仄，×（ ）×（ ）平。

×（ ）×（ ）仄，×（ ）×（ ）平。

×（ ）×（ ）仄，×（ ）×（ ）平。

×（ ）×（ ）仄，×（ ）×（ ）平。

括号处是有待我们确定平仄的位置。

第三步：句内交替

句内平仄交替，指的是一句之内的二、四（或二、四、六）字，平仄交替出现。换句话说，即任意相邻的两处平仄相反。

---

① 此处可押平声韵，为简洁起见，不特别标注，下同。

出句：×（　）×（　）仄

两个括号处平仄一定相反，所以五律的出句只有两种形式：×仄×平仄，或×平×仄仄。

对句：×（　）×（　）平

同理，五律的对句也只有两种形式：×仄×平平，或×平×仄平。

第四步：同联相对

同联平仄相对，指的是一联之内的出句和对句中的二、四（或二、四、六）字的平仄相对。

出句：×平×仄仄
对句：×仄×平平

或

出句：×仄×平仄
对句：×平×仄平

第五步：隔联相粘

隔联平仄相粘，指的是下一联出句的二、四（或二、四、六）字和上一联对句的二、四（或二、四、六）字平仄相同。

如果上一联是：

×平×仄仄，×仄×平平

那么下一联是：

×仄×平仄，×平×仄平

再下一联则是：

×平×仄仄，×仄×平平

这五步完成之后，我们应该已经发现，五律的基本平仄形式无非两种，即平起式和仄起式。平起式可以理解为首句第二个字是平声，仄起式可以理解为首句第二个字是仄声。那么我们可以得到如下两种形式：

平起式：×平×仄仄，×仄×平平。
×仄×平仄，×平×仄平。
×平×仄仄，×仄×平平。
×仄×平仄，×平×仄平。

仄起式：×仄×平仄，×平×仄平。
×平×仄仄，×仄×平平。
×仄×平仄，×平×仄平。
×平×仄仄，×仄×平平。

再考虑到首句末字有平声押韵的可能性，那么我们得到四种基本形式，即平起首句不入韵、平起首句入韵、仄起首句不入韵、仄起首句入韵。

第六步：避开孤平、三平尾、平头

“一三五不论，二四六分明”是一个大致原则，除此之外，还需要避开三种禁忌，一首诗的格律才能算过关。

孤平①：孤平是针对“对句”而言的，特指“×平×仄平”这

---

① 关于孤平，另有一种说法是，无论出句还是对句，出现“两仄夹一平”的情况即为孤平。

一句。这里不能出现“仄平仄仄平”的情况，因为除韵脚外只有一个平声，读起来比较压抑和滞涩。所以这一句的正常形式是“平平仄仄平”，亦可写为“平平平仄平”，或者“仄平平仄平”。

如果是七律，则要避免出现“仄仄仄平仄仄平”，可改为“仄仄仄平平仄平”来补救。至于能否使用“平仄仄平仄仄平”则有争议，有人认为首字离韵脚太远，很难起到补救的效果，读起来还是类似孤平。

或许有读者会有疑惑，“仄仄仄平平”这样的句子，除了韵脚之外也只有一个平声，为什么不算孤平？一种解释是，句子越接近末尾，产生的音韵效果就越强，读者印象也就越深，在此处借助韵字之力，连续出现两个平声，产生的效果足以抗衡前面的三个仄声。

三平尾：三平尾是指“×仄×平平”这一句，不能出现“×仄平平平”的情况。连续三个平声收尾，缺少抑扬顿挫，读起来有轻浮的感觉。

平头：平头指的是连续三句以上第一个字为平声，如此则通篇缺少变化，给人以板滞迟重的感觉，应尽力避免。

另外需要注意的是，三仄结尾（×平仄仄仄）虽然不是最大的禁忌，但也应尽量避开。在五律中，三仄尾尚可偶一为之，七律中则最好不要出现三仄尾。

经此六步，我们就掌握了五律的基本形式，即以下四种情况。

五律平起首句不入韵：

（平）平（平）仄仄，（仄）仄仄平平。

（仄）仄（平）平仄，（平）平（仄）仄平。

（平）平（平）仄仄，（仄）仄仄平平。

（仄）仄（平）平仄，（平）平（仄）仄平。

五律平起首句入韵：

（平）平（仄）仄平，（仄）仄仄平平。

（仄）仄（平）平仄，（平）平（仄）仄平。

（平）平（平）仄仄，（仄）仄仄平平。

（仄）仄（平）平仄，（平）平（仄）仄平。

五律仄起首句不入韵：

（仄）仄（平）平仄，（平）平（仄）仄平。

（平）平（平）仄仄，（仄）仄仄平平。

（仄）仄（平）平仄，（平）平（仄）仄平。

（平）平（平）仄仄，（仄）仄仄平平。

五律仄起首句入韵：

（仄）仄仄平平，（平）平（仄）仄平。

（平）平（平）仄仄，（仄）仄仄平平。

（仄）仄（平）平仄，（平）平（仄）仄平。

（平）平（平）仄仄，（仄）仄仄平平。

括号中给出的平仄是理想状态，可称之为“一三五”位置的“从后原则”，我们写诗的时候最好以此为目标。需要注意的是，因为要避开孤平的禁忌，所以“（平）平（仄）仄平”这一句的两个括号内至少要包含一个平声。

下面我们可以用一首五律来印证一下，以王湾的《次北固山下》为例：

客路青山外，行舟绿水前。（仄仄平平仄，平平仄仄平。）

潮平两岸阔，风正一帆悬。（平平仄仄仄，平仄仄平平。）

海日生残夜，江春入旧年。（仄仄平平仄，平平仄仄平。）

乡书何处达[①]，归雁洛阳边。（平平平仄仄，平仄仄平平。）

（二）五绝、七绝、七律、五排的格式

掌握了五律的格式，其他近体诗的格式就不在话下了。

五绝

五绝，只要将五律截取一半即可。请注意，五绝首句以不入韵的情况居多。

五绝平起首句不入韵：

（平）平（平）仄仄，（仄）仄仄平平。

（仄）仄（平）平仄，（平）平（仄）仄平。

五绝平起首句入韵：

（平）平（仄）仄平，（仄）仄仄平平。

（仄）仄（平）平仄，（平）平（仄）仄平。

五绝仄起首句不入韵：

---

① “达”为入声字。

（仄）仄（平）平仄，（平）平（仄）仄平。

（平）平（平）仄仄，（仄）仄仄平平。

五绝仄起首句入韵：

（仄）仄仄平平，（平）平（仄）仄平。

（平）平（平）仄仄，（仄）仄仄平平。

七绝

从五言到七言，只需根据“句内交替”原则，将每句前两个字的平仄倒转，加在每句开头即可。

如：（平）平（平）仄仄，（仄）仄仄平平。

改为：（仄）仄（平）平（平）仄仄，（平）平（仄）仄仄平平。

七绝平起首句不入韵：

（平）平（仄）仄（平）平仄，（仄）仄（平）平（仄）仄平。

（仄）仄（平）平（平）仄仄，（平）平（仄）仄仄平平。

七绝平起首句入韵：

（平）平（仄）仄仄平平，（仄）仄（平）平（仄）仄平。

（仄）仄（平）平（平）仄仄，（平）平（仄）仄仄平平。

七绝仄起首句不入韵：

（仄）仄（平）平（平）仄仄，（平）平（仄）仄仄平平。

（平）平（仄）仄（平）平仄，（仄）仄（平）平（仄）仄平。

七绝仄起首句入韵：

（仄）仄（平）平（仄）仄平，（平）平（仄）仄仄平平。

（平）平（仄）仄（平）平仄，（仄）仄（平）平（仄）仄平。

七律

无论是把七绝的平仄重复一遍，还是在五律的每句前加两个字，都可以轻松得到七律的格式。

七律平起首句不入韵：

（平）平（仄）仄（平）平仄，（仄）仄（平）平（仄）仄平。

（仄）仄（平）平（平）仄仄，（平）平（仄）仄仄平平。

（平）平（仄）仄（平）平仄，（仄）仄（平）平（仄）仄平。

（仄）仄（平）平（平）仄仄，（平）平（仄）仄仄平平。

七律平起首句入韵：

（平）平（仄）仄仄平平，（仄）仄（平）平（仄）仄平。

（仄）仄（平）平（平）仄仄，（平）平（仄）仄仄平平。

（平）平（仄）仄（平）平仄，（仄）仄（平）平（仄）仄平。

（仄）仄（平）平（平）仄仄，（平）平（仄）仄仄平平。

七律仄起首句不入韵：

（仄）仄（平）平（平）仄仄，（平）平（仄）仄仄平平。

（平）平（仄）仄（平）平仄，（仄）仄（平）平（仄）仄平。

（仄）仄（平）平（平）仄仄，（平）平（仄）仄仄平平。

（平）平（仄）仄（平）平仄，（仄）仄（平）平（仄）仄平。

七律仄起首句入韵：

（仄）仄（平）平（仄）仄平，（平）平（仄）仄仄平平。

（平）平（仄）仄（平）平仄，（仄）仄（平）平（仄）仄平。
（仄）仄（平）平（平）仄仄，（平）平（仄）仄仄平平。
（平）平（仄）仄（平）平仄，（仄）仄（平）平（仄）仄平。

五排

五言排律只需将五言律诗的平仄依据“粘”和“对”的原则续写下去即可。也可以理解为将一首五绝的平仄重复下去（但要注意首句入韵问题）。

以仄起首句不入韵为例：

（仄）仄（平）平仄，（平）平（仄）仄平。
（平）平（平）仄仄，（仄）仄仄平平。
（仄）仄（平）平仄，（平）平（仄）仄平。
（平）平（平）仄仄，（仄）仄仄平平。
（仄）仄（平）平仄，（平）平（仄）仄平。
（平）平（平）仄仄，（仄）仄仄平平。
…………

常见变体与拗救

以上格律规则并非可有可无的参考，而是必须遵守的规范。但是也有一些标准格式之外的特殊形式被广泛接受。我们主要介绍两个较为常见的变体——“锦鲤翻波体”和“折腰体”，并简单介绍一下“拗救”和“拗体诗”。

（一）锦鲤翻波体

平平平仄仄，（仄）仄仄平平。

可以将出句第三字和第四字平仄颠倒，改写为：平平仄平仄，（仄）仄仄平平（注意该变体出句首字须为平声）。

如果是七言，则是在五言之前加上两个字：

（仄）仄平平平仄仄，（平）平（仄）仄仄平平。

改写为：（仄）仄平平仄平仄，（平）平（仄）仄仄平平。

以下古人诗句都使用了“锦鲤翻波体”：

遥怜小儿女，未解忆长安。（杜甫《月夜》）

无人信高洁，谁为表予心。（骆宾王《在狱咏蝉》）

羌笛何须怨杨柳，春风不度玉门关。（王之涣《凉州词》）

“锦鲤翻波体”是一种常见的拗句①，到宋代已经作为“正格”而被广泛使用。

（二）折腰体

折腰体是一种“拗式”。一言以蔽之，指的是某一句“失粘”，即某联出句的平仄没有和上一联的对句相同，而是相反。

例如：

平平平仄仄，仄仄仄平平。

平平平仄仄，仄仄仄平平（本应为“仄仄平平仄，平平仄仄平”）。

两个画横线的句子形成了“对”而非“粘”的关系。

折腰不仅可以出现在五绝、七绝中，也可以出现在五律、七

---

① 还有一种拗句稍微少见一些，是将“仄仄平平仄”改为“仄仄平仄仄”或“仄仄仄仄仄”，而对句必须为“平平平仄平”。如“野火烧不尽，春风吹又生”（第一种情况）、“向晚意不适，驱车登古原”（第二种情况）。

律的任何一句中。

折腰相当于一次重新起头，折腰句之后的句子仍然和折腰句形成“对”的关系，如波浪线所示。

以下两首都是典型的折腰体，请注意画线句的平仄。

滁州西涧

韦应物

独怜幽草涧边生，上有黄鹂深树鸣。
春潮带雨晚来急，野渡无人舟自横。

咏怀古迹

杜　甫

摇落深知宋玉悲，风流儒雅亦吾师。
怅望千秋一洒泪，萧条异代不同时。
江山故宅空文藻，云雨荒台岂梦思。
最是楚宫俱泯灭，舟人指点至今疑。

以上是两种较为常见的变体，读者们不妨偶一为之。除这两种之外，另有孤雁出群格、辘轳格、进退格、葫芦格等各类变体，在此不一一介绍。我们初学写诗，希望大家先努力掌握正体。

（三）拗救

“拗”就是不顺的意思。如果一首近体诗的音律读来拗口，我们就要想办法补救，这就被称为“拗救”。我们说，近体诗的音律美在于平仄的起伏有致与音调和谐，所以，不论是一句之内，还是一联之内，平仄的数量都应该是均衡的。有些情况虽然没有犯三平尾或孤平这样的重大禁忌，但也会读来拗口。

举例来说，五律某句的标准形式“仄仄平平仄”，由于“一三五不论”，我们将这句写作“仄仄仄平仄”也无伤大雅，但是仄多平少，读来未免压抑。如果第三个字实在不好改为平声的话，那么我们有两种选择来补救，一种是句内自救，另一种是对句相救。

“仄仄仄平仄”如果要句内自救的话，就是将句首的字改为平声，变成“平仄仄平仄”。如果对句相救的话，出句“仄仄仄平仄”可以维持不变，对句的第三个字则用平声，写作“平平平仄平”，这样虽然上句仄多平少，下句仄少平多，但是一联之内的平仄仍然得到了平衡。例如，杜甫有“此道昔归顺，西郊胡正繁”(《至德二载甫自京金光门出间道归凤翔乾元初从左拾遗移华州掾与亲故别因出此门有悲往事》)，孟浩然有“寂寂竟何待，朝朝空自归”(《留别王维》)，都是对句相救的例子。

需要言明的是，关于拗救，自古至今各家各派都有不同的说法，其中艰深繁复之处需要花费大量时间钻研。我们在入门阶段，尽量删繁就简，只需要掌握“平仄均衡”的大体原则即可。

（四）拗体诗

然而，在这些常见变体之外，还有一些诗令人困惑。下面这两首是律诗吗？

黄鹤楼

崔　颢

昔人已乘黄鹤去，此地空余黄鹤楼。
黄鹤一去不复返，白云千载空悠悠。
晴川历历汉阳树，芳草萋萋鹦鹉洲。
日暮乡关何处是？烟波江上使人愁。

全篇虽然大体是律诗的形式，但是首句“昔人已乘黄鹤去”为“仄平仄平平仄仄”，并未遵守“句内平仄交替”的原则。颔联不仅“不复返”和“空悠悠”没有对仗，而且平仄是“平仄仄仄仄仄仄，仄平平仄平平平”，同时犯了多种禁忌。

白帝城最高楼

杜　甫

城尖径仄旌旆愁，独立缥缈之飞楼。
峡坼云霾龙虎卧，江清日抱鼋鼍游。
扶桑西枝对断石，弱水东影随长流。
杖藜叹世者谁子？泣血迸空回白头。

杜甫的这首《白帝城最高楼》的平仄看起来也非常混乱，有兴趣的读者可以自己分析一下。

这类打破平仄规则的诗被统称为“拗体诗”，诗人并非因疏忽而出律，而是有意地反其道而为之。细加分析，我们看到崔诗

"黄鹤一去不复返"七个字用了六个仄声，正是为后句蓄势，积蓄的情绪到"空悠悠"三字才喷薄而出。这三字不对仗且犯了三平尾，也正是对应了某种洒脱不羁的姿态和悠远缥缈的情致。

而杜诗中除了平仄的不协调，大量"尖"、"仄"、奇险的用词，"杖藜叹世者谁子"这样的奇峭的句式，正是诗人胸中勃郁不平之气的写照。

这类拗体诗，我们要学会欣赏。但是初学写诗，最好不要模仿。

近体诗的对仗

对仗的基本规则

对仗是近体诗的精华所在。在一首律诗之中，首联蓄势，尾联收束，中间对仗的颔联、颈联则是全诗的主体。在绝句中，虽然没有硬性要求，但是恰到好处的对仗往往能使全篇增色。大家是否注意到，我们熟悉的绝句"两个黄鹂鸣翠柳，一行白鹭上青天。窗含西岭千秋雪，门泊东吴万里船"，全篇都对得很工整，却浑然天成，使人不易察觉。

近体诗的对仗

律诗的首联和尾联也可对仗。在首联较常见，如“楚塞三湘接，荆门九派通”（王维《汉江临眺》）。在尾联（首联不对仗）则少见些，如“即从巴峡穿巫峡，便下襄阳向洛阳”（杜甫《闻官军收河南河北》）。也有全篇对仗之作，如被称为“古今七律第一”的杜甫的《登高》。

登　高

杜　甫

风急天高猿啸哀，渚清沙白鸟飞回。
无边落木萧萧下，不尽长江滚滚来。
万里悲秋常作客，百年多病独登台。
艰难苦恨繁霜鬓，潦倒新停浊酒杯。

另有三种变体：偷春格、藏春格、蜂腰格。

偷春格，即颔联对仗改为首联对仗，好像春天还未到来却先偷来几分春色，独自绽放。如以下这首。

辋川闲居赠裴秀才迪

王　维

寒山转苍翠，秋水日潺湲。
倚杖柴门外，临风听暮蝉。
渡头余落日，墟里上孤烟。
复值接舆醉，狂歌五柳前。

藏春格则是把颔联的对仗挪到尾联，好像要把春光收藏，留到最后欣赏。典型的例子有下面这首。

早　花

杜　甫

西京安稳未？不见一人来。
腊日巴江曲，山花已自开。
盈盈当雪杏，艳艳待春梅。
直苦风尘暗，谁忧容鬓催。

蜂腰格通常见于五律，指的是全诗只有颈联对仗，如蜂腰般“若断复续”。

塞下曲

李　白

五月天山雪，无花只有寒。
笛中闻折柳，春色未曾看。
晓战随金鼓，宵眠抱玉鞍。
愿将腰下剑，直为斩楼兰。

以上三种变体供读者们了解，也不妨偶尔尝试。但学诗入门的时候，最好还是熟练掌握正体。

前人给对仗做过许多不同的分类，而对仗的奥妙恐怕更是需要几本专著才能说尽。然而，过于细节的知识也可能成为创作的累赘，这里我们化繁为简，择其大端，将种种对仗类型纳入“工对”和“宽对”两类之中。

“工对”指的是不仅词性相对，而且相对的词语都出自同一门类，或有词义上的密切关联（相似或相反）。比如许浑《九日登樟亭驿楼》中的这句：

潮回孤岛晚，云敛众山晴。

“潮”和“云”都是气象名词，“回”和“敛”是意思相近的动词，“孤”和“众”则恰好是反义词，“岛”和“山”都是地理名词，“晚”和“晴”都与天气时令有关。

《声律启蒙》节选：

一东

云对雨，雪对风，晚照对晴空。来鸿对去燕，宿鸟对鸣虫。三尺剑，六钧弓，岭北对江东。人间清暑殿，天上广寒宫。两岸晓烟杨柳绿，一园春雨杏花红。两鬓风霜，途次早行之客；一蓑烟雨，溪边晚钓之翁。

古人学对子，也是从工对入手，读者们可以找一些古代的蒙学读物如《声律启蒙》《笠翁对韵》，背下几则，在作诗的声韵和对仗方面定会受益无穷。

需要警惕的是，工对未必是好对，因为对得太过整饬，反而时常凝重板滞。好的工对是妙手偶得，读者们不必对此过度追求。至于什么是好对子，在下一节中我们会一起思考这个问题。

“宽对”指的是仅仅句型和词性相同的对仗，即动词对动词，形容词对形容词，名词对名词，等等，而对词的门类没有要求。比如黄庭坚《答龙门潘秀才见寄》中的这句：

明月清风非俗物，轻裘肥马谢儿曹。

“明月”和“轻裘”，“清风”和“肥马”，这两组词的门类无关，仅仅词性相同。而“俗物”和“儿曹”连词性也对得不甚贴合，只是同为偏正结构短语而已。

工对和宽对不必截然二分，必取其一，而更应该被视作对仗的连续统中的两极。在实际创作时，往往是工与宽的对法杂糅起来。而整体上也通常是“偏工整”或“偏宽松”。

比如王维的“竹喧归浣女，莲动下渔舟”，出句、对句的前四个字都对得堪称工稳，而作为最后一字的“女”和“舟”则全然不是同一门类。

再比如王湾的“潮平两岸阔，风正一帆悬”，则出句、对句的前三字工，后二字宽。

在创作时，好句往往是在工与宽的中间地带得到的。

另外需要提醒一下，即使是在偏宽松的对仗中，遇到表**颜色、方位、数字**的词，也应该尽量考虑以同类对之。可以说，这几类词在对仗中有一定的优先级。

如果说工对有一种精工之妙的话，那么宽对则有一种朴拙之美。在一首诗中，如果有两个对仗，可以一个稍松散，另一个偏工整，使全诗开合有度，富于变化。按照作诗的常法，颔联可宽，颈联宜工。

此外，还有三类比较特殊的对仗形式在古诗中很常见，我们把它们从工对和宽对的大类中提出来单独讲解。

第一类是“自对”。比如杜甫《登岳阳楼》的一联“吴楚东南坼，乾坤日夜浮”，从出句和对句的角度看，“吴楚”是两个地名，“乾坤”是天和地的意思，对得不算工整。“东南”作为并列的方位词，对“日夜”更显松散。但是这里运用的思路是句中的自对，“吴”和“楚”、“东”和“南”、“乾”和“坤”、“日”和“夜”本身是工对，联结成并列短语后，在出句和对句上整体形成对仗。另外我们熟悉的王维的名句“江流天地外，山色有无中”（《汉江临眺》），“天地”与“有无”也运用了自对的手法。

第二类是“借对”。借对指的是，用某词超乎诗句实际语境之外的另一重意思，与另外一词形成对仗。在杜甫的《曲江》里有一联非常有名的借对：“酒债寻常行处有，人生七十古来稀。”“七十”是数词，为什么能跟“寻常”相对呢？因为“寻”和“常”都是古代的长度单位，“八尺为寻，倍寻为常”。所以“寻常”虽然在诗中是“平常”“经常”的意思，但是取量词的意思与数词相对，这种借对可称为“借义对”。

借义对的方法在“无情对”中十分常见。“坐地日行八万里，镇江美食一条街。”这个“无厘头”的对联在每一处都运用了借义，有兴趣的读者可以自行拆解体会。

除此之外还有一种“借音对”，相对少见一些，比如孟浩然的这句“厨人具鸡黍，稚子摘杨梅”（《裴司士员司户见寻》）。“杨”由于和“羊”谐音，故和“鸡”相对。

第三类是“流水对”。流水对的出句和对句共同表达一个完整的意思，两句上下相承，密不可分。比如我们都很熟悉的王之涣《登鹳雀楼》中的“欲穷千里目，更上一层楼”，再如骆宾王《在狱咏蝉》里的“那堪玄鬓影，来对白头吟”，上下两句如行云流水，通畅无碍，故称为“流水对”。

想一想：“与君离别意，同是宦游人。”这一联中有哪些对仗技巧？

答案：流水对——两句上下相承，“与君”“同是”是形成流水对的关键词。借对（借音）——这里的“是”是借“士”与“君”相对。

这三种特殊的对仗形式中，自对和借对属于工对与宽对的中间状态，可以理解为对仗由宽求工的手法。除此之外，借对还常常可以使人展开字音和字义的联想，为作品增加趣味。而善用流水对，则往往可以激活全篇，使作品更加灵动多姿。

怎样写好对仗

明白了近体诗哪里对仗，以及如何对仗之后，下面我们要解决的问题是如何写好对仗。

学习对仗的第一课就是：避免合掌对。

“合掌对”是什么意思呢？《楹联报》刊登过一篇《合掌对两串》，模仿了《声律启蒙》的形式，读来十分有趣。

其一：

瞧对看，听对闻，上路对启程。后娘对继母，亡父对先君。醪五两，酒半斤，扫墓对上坟。乞援双瞎子，求助二盲人。岳父有因才枉驾，丈人无故不光临。十分容颜，五分造化五分打扮；两倾姿色，一半生就一半妆成。

其二：

行对走，跑对奔，早晚对晨昏。侏儒对矮子，傻子对愚人。观浪起，看波兴，闭户对关门。神州千载秀，赤县万年春。国士无双双国士，忠臣不贰贰忠臣。大德似天高，天高加一丈；恩深如地厚，地厚减千分。

我们可以看到，上面所有的对仗的出句和对句都是几乎相同的意思。字词的层面，“瞧”与“看”，“听”与“闻”，“上路”与“启程”，都是同义词。到了句的层面，如“大德似天高，天高加一丈；恩深如地厚，地厚减千分”，虽然两句的词义没有完全重叠，但句义几乎没有差别。

合掌对是我们初学写诗时很容易出现的问题，通常是我们先想到一个好句，却不知道与它相对的另一句如何写，就从字面来对，最后的结果往往就是合掌对。我们可以看一看下面两例学生作品中出现的合掌对：

唤雨能飞魄，呼风可摄魂。

百年无热血，千古皆①寒肠。②

第一例将“呼风唤雨”这个成语拆开分置一联的上下句，这种写法很容易合掌，即使没有合掌，因其得来容易，也很难成为好的对仗。靠拆成语来对仗是初学者非常容易出现的问题，请大家警惕。同样，把“魂魄”这个近义复合词的两个字分别放在上下句，犯的也是类似的错误。《红楼梦》里有一处对仗：“寒塘渡鹤影，冷月葬花魂。”以“影”对“魂”既工整，又以“形”对“神”，避免了合掌，值得我们学习。

第二例“百年”对“千古”，时间对时间，无论怎样改换措辞，也只是长短有别，而大意总归相类。我们可以看看古人是怎样处理的，杜甫《登高》“万里悲秋常作客，百年多病独登台”，以“万里”对“百年”，这是用空间来对时间。白居易称赞李杜的诗句“吟咏留

① 请留意，此处“皆”犯了三平尾。

② 本书所展示和评析的师生习作，均为人大附中师生原创。

千古，声名动四夷”（《读李杜诗集因题卷后》），用“四夷”对“千古”，与杜甫的例子异曲同工。可见，时间与空间相对是古人常用的方法，我们也可以多多尝试。另外一个问题就是“无热血”和“皆寒肠”，将同一个意思先正说再反说，这也难逃合掌。

甚至在古人的诗句中，我们也可以看到类似的情况。比如王籍《入若耶溪》里的名句“蝉噪林逾静，鸟鸣山更幽”，虽然这里的几个名词相对（“蝉”对“鸟”，“林”对“山”）并不算是合掌，但是蝉和鸟的动作“噪”和“鸣”是合掌，而“逾静”和“更幽”的意思几乎相同，使得上下两句非常重复。

再比如王绩《野望》里的这句“牧人驱犊返，猎马带禽归”。牧人和猎马、牛犊和禽鸟，固然都是不同的事物，但是两句核心的动词“返”和“归”意思相同，使得上下句表达的都是“劳作结束后回家”这个意思，是为合掌。

由此我们可以发现，合掌对不一定指上下句的每个词都同义。语义相似甚至意境相似，都可算作合掌。

懂得了避免合掌，我们就走在写好对仗的路上了。

陈寅恪先生曾将对子分为三类。他说：“一副好的对子，必具正反合之三阶段。”

这里的“正”可以理解为两句之间语义的相关性，两句不能风马牛不相及，否则就成了所谓“无情对”[①]。而在这种相关之中又要有所不同，这就是所谓“反”。用前面的一个例子来说，用“千

① “无情对”指的是字面相对而语义全然无关的对子，如“五月黄梅天”对“三星白兰地”。

对一对子，其词类声调皆不适当，则为不对，是为下等，不及格。即使词类声调皆合，而思想重复，如燕山外史中之“斯为美矣，岂不妙哉”之句，旧日称为合掌对者，亦为下等，不及格。因其有正，而无反也。

若词类声调皆适当，既有正，又有反，是为中等，可及格。此类之对子至多，不须举例。

若正及反前后二阶段之词类声调，不但能相对，而且所表现之意义，复能互相贯通，因得综合组织，别产生一新意义。此新意义，虽不似前之正及反二阶段之意义，显著于字句之上，但确可以想象而得之，所谓言外之意是也。此类对子，既能备具第三阶段之合，即对子中最上者。

——陈寅恪

古”对“百年”，只有相似而缺少不同，如果改用“万里”来对，则不仅字面相似，意思上也有了时间和空间的区别。

有正无反，是为合掌。有正有反，就算得上是合格的对仗了。

“合”则是一种更高的追求，指对仗的两句彼此之间，应该相互映照，产生某种“化学反应”。也就是陈寅恪先生说的“互相贯通，……综合组织，别产生一新意义”。

“锦江春色来天地，玉垒浮云变古今。”（杜甫《登楼》）锦江与玉垒山，有低与高、横与纵、流动与稳定、变化与永恒这种种对立。春天一年一度，生长万物；浮云斯须改变，冷眼观世。天地是空间，古今是时间……因为“山”的高峻，“锦江春色”被映衬得更加灵动多姿。因为有“古今”的时间维度作为诗人感发的背景，所以眼前的“天地”也就变得更加寥廓无边。

文字深处包含张力，而种种对立又相反相成，以某种方式结为和谐的统一体，艺术魅力便得以产生。

我们姑且用三个式子来简单代表三种对仗的境界：

$1+1=1$	合掌对	有正无反
$1+1=2$	及格对	有正有反
$1+1>2$	佳对	相反相成

近体诗的句法与篇法

遣词造句

近体诗字数有限，少则如五绝 20 个字，多则如七律 56 个字，想在这么短的篇幅内做到言约意丰、韵味悠长，这并不容易。近体诗全篇不宜出现重复的用字（叠词除外），每个字都应该恰到好处，无可替换。它们应该像一颗颗莹润的珠玉，散发着光泽，由字而句，由句而篇，连缀成一件完美无瑕的艺术品。“字”是一首诗中的最小单位，我们首先就来探讨近体诗炼字遣词造句的艺术。

（一）减少生造语

中国古典诗词有高度的互文性，往往古今之间彼此映照。黄庭坚说：“自作语最难，老杜作诗，退之作文，无一字无来处，盖后人读书少，故谓韩、杜自作此语耳。”（《答洪驹父书》）“无一字无来处”乍听起来也许夸张，但是细论起来，此言不虚。我们学书法从临摹字帖开始，遍学诸家之后才能自成一体，但点撇钩捺之间分明又有所学名家的痕迹。作诗也是一样，我们在一个文学传统之中写作，笔下的每个字都应该有深厚的根源。追求“无一字无来处”并不是追求陈词滥调，而是用那些经过前人咀嚼涵泳的字词来创造新的作品，即所谓“语工意新”。

一方面是典故和成句的化用。《隐居通议》里记载了苏轼是如何研究杜诗典故的：

> 家藏小册一本，字画甚古，题曰《东坡老杜诗史事实》，略举杜句有曰“贱子请具陈”，引毛遂云：“公子试听吴越之事，容贱子一一具陈。公子可行即行，可止则止。”杜句曰“下笔如有神”，引仲舒答策“下笔疑有神助”。杜句曰“青冥却垂翅”，引李斯曰：“丈夫如提笔，鼓吻取富贵，易若举杯，何青冥之翮与鹅共垂翅乎？”杜句“崆峒小麦熟，且愿休王师”，引武帝欲讨西羌，耿逊谏曰：“今崆峒小麦方熟，陛下宜休王师。”如此者凡十卷，乃知杜句皆有根本，非自作语言也。

我们固然很难如杜甫般博学，而更难的却是如他一般浑然无迹地化用前人。用典不是为了炫耀学问，而是为了让词句稳重深厚。所以，我们在化用典故和成句的时候要尽量做到“不隔”，即恰到好处地运用，乃至在读者不知道出处时也不大影响理解与欣赏。

另一方面，遣词要有词源上的根据，以下是几例学生作品：

微贱不失贤者助，自矜私智义德丢。

头昏体惫亦无悔，待到涅槃人自陶。

旧庭疑荠色，新柳觅莺跹。

我们可以看到画线词的问题。“义德”这样的组词方式在古诗文中十分少见，因为“义”本身就是一种“德”，而无须再加缀字解释。

“体惫”的问题与之类似，“惫”字本身即可以表示“身体疲惫”的完整意思，故在崇尚精练的古诗词中很少见到将“体”字加在“惫”前。

“丢”这个字在古代多见于白话，用于词曲，尤其是曲中尚可，而诗是雅文学，对于口语的使用要非常慎重。

用作形容词，取“快乐”义的“陶”字在诗中较少单独使用，而“陶然”“陶陶”则较为多见。

“跹”是一个严重的问题。“蹁跹”是一个联绵词，如同“参差”“缱绻”，联绵词不可以拆分使用，这个原则请读者们牢记。

怎样提高文字的质量呢？最好的方式就是多读古人作品，模拟古人用词。《红楼梦》中，林黛玉推荐香菱先读王维五律一百首、杜甫七律一二百首、李白七绝一二百首，这份书单对于今天我们学诗也极有参考价值。

当积累了一定的阅读和习作后，大家的文字就会慢慢摆脱那些一厢情愿的修辞方式，字词扎下了根，变得稳定、深厚，因为每一个字的背后都有了前贤诗作的加持。

（二）炼字的艺术

“炼字”就是对用字的精挑细选，古人有“吟安一个字，拈断数茎须”之说。我们可以从几个古代著名的炼字故事里体会一下诗人的苦心。

> 岛初赴举京师。一日，于驴上得句云：“鸟宿池边树，僧敲月下门。”始欲作“推”字，又欲作“敲”字，炼之未定，遂于驴上吟哦，时时引手作推敲之势。时韩愈吏部权京兆，岛不觉冲至第三节，左右拥至尹前，岛具对所得诗句云云。韩立马良久，谓岛曰：“作‘敲’字佳矣。”遂与并辔而归，留连论诗，与为布衣之交。

《刘宾客嘉话录》中的这个故事大家想必耳熟能详，这就是贾岛“推敲”的故事。“鸟宿池边树，僧敲月下门。”为什么贾岛在一番斟酌之后，选择了“敲”而不是“推”呢？我们说，好的对仗讲究相反相成。鸟本是灵动之物，此刻宿于枝头，烘托出夜晚的寂静；而僧本是沉静之人，此刻在月下敲门，让整个画面有了微微的声响。因为夜的宁静，敲门的声音格外清晰；也因为这若有若无的敲门声，衬托得夜晚更加宁静。在这里，动与静彼此交融，相得益彰。另外我们试想，有人敲门，势必有人要去开门，我们不禁联想到此刻是不是有另外一个僧人披衣而起，穿过月下的庭院，来给这位夜归人开门。这就更丰富了诗句供人想象的空间。

我们再来看《容斋随笔》里记载王安石修改诗稿的这则故事。

> 王荆公绝句云："京口、瓜洲一水间，钟山只隔数重山。春风又绿江南岸，明月何时照我还。"吴中士人家藏其草，初云"又到江南岸"，圈去"到"字，注曰"不好"，改为"过"，复圈去而改为"入"，旋改为"满"，凡如是十许字，始定为"绿"。

春回大地，万物复苏，"绿"字写出了春风的魔力，也赋予了诗句视觉上的冲击力。另外，"绿"字语出有据，并非自作语，李白的"东风已绿瀛洲草，紫殿红楼觉春好"（《侍从宜春苑奉诏赋龙池柳色初青听新莺百啭歌》）、丘为的"东风何时至？已绿湖上山"（《题农父庐舍》），都可以和王安石的诗句古今映照。

我们再来看《五代史补》中这则"一字师"的故事。

> 时郑谷在袁州，齐己因携所撰诗往谒焉。有《早梅》诗曰："前村深雪里，昨夜数枝开。"谷笑谓曰："'数枝'非早，不若'一枝'则佳。"齐己矍然，不觉兼三衣叩地膜拜。自是士林以谷为齐己"一字之师"。

在深雪之中，总有一枝梅花最早凌寒开放，既然题为"早梅"，这样改无疑更加切题。另外从画面感上来考虑，"数枝"略嫌散乱，如果只有"一枝"，则白茫茫的天地间，这一点亮色不就显得更加可贵了吗？

散文家王鼎钧先生在回忆录《昨天的云》里忆及少年时代和一位"疯爷"学诗的经历，可谓窥入老杜炼字的苦心。

说他不求甚解吧，他又把一句诗分析得十分精微。我背诵杜甫咏昭君的一首七律，恰巧被他听见。我说，“千山万壑赴荆门”，他说：“不对，你会把杜甫气死。”我急忙打开书本查看，书上印的是“群山万壑”。疯爷说，你想想吧，所谓群山，不过十座山八座山，十座山而有万壑，平均一山千壑，可见山是大山、高山、深山，很有气势。倘若是千山万壑，一山只有十壑，山就小了，零碎了，气势就不同了。

在炼字的时候，我们可以试着突破感官的限制，即尝试所谓“通感”的手法，如果使用得当，往往能使诗句大为增色。

宋祁的名句“红杏枝头春意闹”（《玉楼春·春景》）中，着一“闹”字，意境全出。“寺多红药烧人眼”（王建《江陵即事》），一个“烧”字，用眼睛的灼痛写尽了红叶的灿烂。“色静深松里”（王维《青溪》），“色”是视觉，却用听觉的“静”来表达；“月凉梦破鸡声白”（李世熊《剑浦陆发次林守一》），则是用视觉表达听觉。“三千年事残鸦外”（吴文英《齐天乐·与冯深居登禹陵》），“三千年”是时间概念，却和“残鸦外”的空间景物交织起来。

这种通感的手法在古人诗句中不胜枚举，它们启发我们在炼字的时候如何突破想象力的界限。

需要提醒大家的是，炼字追求的是最妥帖、最传神的表达，读者们不要步入猎奇的歧途。

谋篇布局

关于近体诗的布局，人们常常提到“起承转合”四个字。起句或交代背景，或渲染氛围，为全诗奠定基调。承句承接起句，是起句的延伸，也是向后的过渡。转句是在起承二句蓄势已足之后，笔势一转，使全篇生出波澜，常常是由物及人、由景及情、由事及理。合句收束全篇，将全诗的气韵提升或者延长。

起承转合并非一定之规，而是一种对创作普遍规律的总结，对于不同的文体都有参考价值，比如散文、音乐也讲起承转合，小说则讲开端、发展、高潮、结局，异曲同工。

具体到绝句之中，起承转合可以理解为对应着全篇的四句。在律诗中则有不同说法，一说起承转合对应首颔颈尾四联，一说首联的上下句是起和承，尾联的上下句是转和合，中间两联则是衬贴题目。二说各有道理，这里姑从后说。

五言和七言在风格上略有不同，五言用字俭省，所以风格高古，七言的每句多了两个字的余地，所以有了更多摇曳婉转的空间。然而我们初学作诗，对此暂且不必深究。让我们一起来分析几首古人的名篇，体会诗人谋篇布局的奥妙。

（一）绝句篇法举隅

我们先来看刘长卿这首《听弹琴》。

听弹琴

刘长卿

泠泠七弦上（起），静听松风①寒（承）。

古调虽自爱（转），今人多不弹（合）。

① “松风”指的是古曲《风入松》。

起句要平直，不宜锋芒太露，为的是积蓄力量。这首诗的起句只是对琴声的简单描绘（泠泠）。承句是起句的延续，要在语义上和前句有紧密的联系。既然起句描绘了琴声，那么承句则写听曲者的感受（静、寒）。起承二句共同勾勒出“听琴”的基本画面。这里出现的三个修饰词“泠泠”“静”“寒”，都可以理解为一种蓄势。

“古调虽自爱”笔锋一转，由对听琴情境的描述转向了议论，“虽”字转折的力量很强，可见诗人笔端发力。“今人多不弹”紧接上句，将曲高和寡、不合时宜的孤独感点明，一个“多”字看似留有余地，实则放大了感慨的意味。

“古调虽自爱，今人多不弹”是一个不易察觉的流水对。绝句篇幅短小，没有铺排的空间，句与句间的联系必须紧密、流畅。

这首诗是绝句中很常见的布局，前两句记叙描写，后两句议论抒情；前两句蓄势，后两句发力。作为一种容易掌握的思路，它可作为读者们入门的参考。

说到了对仗的话题，下面我们再看王之涣的《登鹳雀楼》。

登鹳雀楼

王之涣

白日依山尽（起），黄河入海流（承）。

欲穷千里目（转），更上一层楼（合）。

通篇对仗，却流畅通达，了无痕迹。前两句写景，后两句议论，而且和上一首一样以流水对做结，“欲”和“更”这样的逻辑关联词增加力度，激活全篇，可谓至关重要。这类逻辑关联词的出现，可以理解为诗人自我的出场、发声。

下面我们借孟浩然的《宿建德江》来看看另一种布局。

宿建德江

孟浩然

移舟泊烟渚（起），日暮客愁新（承）。

野旷天低树（转），江清月近人（合）。

起句交代背景，承句“客愁新”三字直接抒情，是力道较强的句子。在这种情况下，如果后两句为了压过前句，拔高气力继续议论抒情，则全诗必然流于轻浮和空洞。这里诗人选择的方式是“以景结情”。“野旷天低树”意思上是一转，怀抱愁绪的诗人将目光由内心转向了广阔天地的风景，发现江心的一轮孤月与自己相亲相近，羁旅之愁似乎得到了些许慰藉。

以景结情，含而不露，往往能使作品余味悠长。当然，这也需要很高的文字驾驭能力。

也有全篇写景，寓情于景的写法，试看杜甫的这首诗。

绝　句

杜　甫

两个黄鹂鸣翠柳（起），一行白鹭上青天（承）。

窗含西岭千秋雪（转），门泊东吴万里船（合）。

既然通篇都是景物，那么转在何处呢？我们可以留意两联境界大小的转变。两个黄鹂、一行白鹭，借鸟写一派春景。岷山上的千年积雪、锦江中的万里行船，则打开了时空的想象。请注意数词的变化，“两个”“一行”转为了“千秋”“万里”，境界陡然扩大。另外我们试想，船可以行万里，从江南往返成都，说明水路已通，太平的时代就要回来。所以这里的转也是从欣赏春光的舒畅，转向人世安稳的欣喜。

诗无定法，这里只是简单地给大家一些参考，更多谋篇的奥妙，大家尽可以自己探索。只要记住一个大体的原则：虚实结合，情景交融。

（二）律诗篇法举隅

我们在前面提到，律诗的起承转合可以理解为主要体现在首尾二联，中间的颔联和颈联是律诗与绝句区别最大的地方，所以这里我们只说颔联和颈联的篇法。这两联之间必须体现不同：句式的不同与视角的不同。

先说句式的不同，也就是两联的语法结构必须错落有致，富于变化。我们先来看几首出现问题的学生习作，暂且抛开其他方面的问题，只看颔联和颈联的句式。

参差瓦影暗，踊跃驼形明。（颔联）

鸭待新潮涨，莺催旧树青。（颈联）

我们看到两联每句的第四个字（影、形、潮、树）同为名词，虽然第三个字“瓦”和“驼”是名词，“新”和“旧”是形容词，但是它们都是第四个字的修饰语，构成所谓偏正短语。在两联同一位置使用偏正短语，给人重复、僵硬的感觉。

扶柳萦思桑梓处，拈花解意马蹄前。（颔联）

五侯聚义逍遥战，双鲤含情辗转眠。（颈联）

这里颔联和颈联画线的位置全都是“动词＋名词”的形式，即所谓动宾短语，同样给人板滞的感觉。

群芳起漫舞，古径荡幽歌。（颔联）

断壁环石镇，残阳落土坡。（颈联）

两联同为“偏正短语＋动词＋偏正短语”，完全重复，这是作诗的大忌，断不可出现。

揽樽邀酒绿，归梦煮粱黄。（颔联）

有意鸣胶柱，无言泣月床。（颈联）

虽然颔联和颈联只有第三个字词性重复，但这几个动词非常重要，作为五言句的核心，承担着运转全篇的作用，所以也不宜在同一位置出现。

下面我们再来看这三个例子：

十言筹策皆因主，百举功名只为谋。（颔联）

赤壁火飞三阙泪，乌桓雪落一句愁。（颈联）

飘飘黄叶地，渺渺水晶帘。（颔联）

无边愁浩浩，终夜舞纤纤。（颈联）

御宇芳菲尽，银屏迤逦开。（颔联）

娉婷云隐月，旖旎雾盈陔。（颈联）

虽然画线词的词性是在两联不同的位置重复出现，但是由于数词、叠词、联绵词格外显眼，所以仍然给人叠床架屋的感觉。类似的还有方位词、颜色词、人名、地名等等，都不宜在两联同时出现。多读古人名篇，用心揣摩，我们自然能把握这个标准。

参差错落、避免重复是谋篇的重要原则，不仅限于颔联和颈联的对仗，在首联和尾联中同样应该有所考虑。当然，有意打破常规，通过重复来刻意营造某种特殊表达效果的情况也时时可见。但还是那句话，先掌握常法，再求新图变。

除了“句式错综”，还要做到“视角不同”。颔联和颈联，或写不同层面的事物，或写同一事物的不同层面。两联的组合千变万化，不一而足，我们试举一些名篇为例。

与诸子登岘山

孟浩然

人事有代谢，往来成古今。

江山留胜迹，我辈复登临。（议论）

水落鱼梁浅，天寒梦泽深。（写景）

羊公碑尚在，读罢泪沾襟。

西塞山怀古

刘禹锡

王濬楼船下益州，金陵王气黯然收。
千寻铁锁沉江底，一片降幡出石头。（记事）
人世几回伤往事，山形依旧枕寒流。（感怀）
今逢四海为家日，故垒萧萧芦荻秋。

山居秋暝

王　维

空山新雨后，天气晚来秋。
明月松间照，清泉石上流。（自然）
竹喧归浣女，莲动下渔舟。（人事）
随意春芳歇，王孙自可留。

渡荆门送别

李　白

渡远荆门外，来从楚国游。
山随平野尽，江入大荒流。（平视）
月下飞天镜，云生结海楼。（仰望）
仍怜故乡水，万里送行舟。

倦 夜

杜 甫

竹凉侵卧内，野月满庭隅。
重露成涓滴，稀星乍有无。（静景）
暗飞萤自照，水宿鸟相呼。（动景）
万事干戈里，空悲清夜徂！

题扬州禅智寺

杜 牧

雨过一蝉噪，飘萧松桂秋。
青苔满阶砌，白鸟故迟留。（小景）
暮霭生深树，斜阳下小楼。（大景）
谁知竹西路，歌吹是扬州。

题卢处士山居

温庭筠

西溪问樵客，遥识楚人家。
古树老连石，急泉清露沙。（近景）
千峰随雨暗，一径入云斜。（远景）
日暮飞鸦集，满山荞麦花。

钱塘湖春行

白居易

孤山寺北贾亭西，水面初平云脚低。
几处早莺争暖树，谁家新燕啄春泥。（无我）
乱花渐欲迷人眼，浅草才能没马蹄。（有我）
最爱湖东行不足，绿杨阴里白沙堤。

望月有感

白居易

时难年荒世业空，弟兄羁旅各西东。
田园寥落干戈后，骨肉流离道路中。（实写）
吊影分为千里雁，辞根散作九秋蓬。（比拟）
共看明月应垂泪，一夜乡心五处同。

不　见

杜　甫

不见李生久，佯狂真可哀！
世人皆欲杀，吾意独怜才。（侧面）
敏捷诗千首，飘零酒一杯。（正面）
匡山读书处，头白好归来。

杜甫很喜欢使用的一种布局方式是前半篇写景，后半篇抒怀。具体到中间两联则是颔联写景，颈联抒怀。二联既分工明确，又彼此交融。“一切景语皆情语”，景包含着情，情应和着景。这种写法层次分明，易于初学者上手，大家不妨多多尝试。

旅夜抒怀

杜　甫

细草微风岸，危樯独夜舟。

星垂平野阔，月涌大江流。（写景）

名岂文章著，官应老病休。（抒怀）

飘飘何所似，天地一沙鸥。

登岳阳楼

杜　甫

昔闻洞庭水，今上岳阳楼。

吴楚东南坼，乾坤日夜浮。（写景）

亲朋无一字，老病有孤舟。（抒怀）

戎马关山北，凭轩涕泗流。

登 高

杜 甫

风急天高猿啸哀，渚清沙白鸟飞回。
无边落木萧萧下，不尽长江滚滚来。（写景）
万里悲秋常作客，百年多病独登台。（抒怀）
艰难苦恨繁霜鬓，潦倒新停浊酒杯。

近体诗的情感与意象

中国没有西方那样的叙事诗传统，可以说，古典诗词的本质是“抒情言志”。

《毛诗序》有言：“诗者，志之所之也，在心为志，发言为诗，情动于中而形于言。言之不足，故嗟叹之，嗟叹之不足，故永歌之，永歌之不足，不知手之舞之足之蹈之也。”

“志”这个字在古汉语中内涵丰富，可以表示思想、志向，也关联到情感、意愿。人内心的情与志表露出来，形之于语言文字，就有了诗。

然而，抒情并不意味着通篇的大悲与狂喜、泪水与叹息。“含蓄蕴藉”在大多数情况下，都是诗词写作的重要原则，尤其对于以文人写作为主流，篇幅愈发精简、风格愈发洗练的近体诗而言。

怎样做到“含蓄蕴藉”呢？可以从两方面着手：一方面是节制情感，另一方面是善用意象。

首先，情感宜收敛而不宜夸大。孔子认为，《关雎》的妙处在于“乐而不淫，哀而不伤”（《论语·八佾》）。“淫”是“过度、放纵”的意思。《中庸》里的一句话也可以为此做注脚：“喜怒哀乐之未发，谓之中；发而皆中节，谓之和。”从中国文学的源头开始，合度、节制就成了重要的审美原则。

因此，想写出上乘的作品，切忌有一分说十分的夸张与滥情，而应该试着有十分却只表露一分，将情感加以浓缩。翻开前人的作品，许多动人的诗句都具有这种节制的品格。

旅夜书怀

杜　甫

细草微风岸，危樯独夜舟。
星垂平野阔，月涌大江流。
名岂文章著，官应老病休。
飘飘何所似，天地一沙鸥。

“名岂文章著，官应老病休。”杜甫晚年故人凋零、凄凉无依，因孤高耿介而休官，“致君尧舜上”的壮志无由实现，一生藉藉无名，聊以自慰的只有几卷诗文。带着这样的人生答卷，以老病之躯面对浩渺天地，不尽的感慨却只化作两句看似轻飘飘的自嘲。

然而细品其中况味，则沉重得令人难以承受。

相见欢

李　煜

无言独上西楼，月如钩。寂寞梧桐深院锁清秋。

剪不断，理还乱，是离愁。别是一般滋味在心头。

“剪不断，理还乱，是离愁。别是一般滋味在心头。”李后主国破家亡，昔日坐拥凤阁龙楼、号令百官万民的君王肉袒出降，幽禁于异国，受到百般凌辱……这样的痛苦恐非常人所能想象。然而在他笔下，万千愁绪也只不过是“别有滋味”。王国维将李煜的词称为“以血书者”，这一句看似轻描淡写，实则包蕴着千言万语，字字椎心泣血。

节制情感，最好的办法是“借景抒情”“托物言志”。这八个字可谓诗词鉴赏的老生常谈，却也是颠扑不破的至理名言。所以，在诗词写作中，直抒胸臆之处宜精而不宜多（多见于首尾处），而在一首诗的主体部分，最好多尝试以意象的编织代替直接抒情。

“意象”就是包含着“情志”的“物象”，是主观的“意”与客观的“象”的融合。例如，客观的“月”只是绕地球运动的卫星，只是单纯的“象”，而当我们把“思乡怀人”的情感、“蟾宫嫦娥”的想象寄托在这个物象之上，便有了“意象”。

在一首诗中，纯粹的写景与纯粹的抒情都不可取，“一切景语皆情语”才是欣赏与创作的原则。下面是两位同学创作的《别友人》，暂且抛开其他因素，我们仅从使用“意象”的角度来分析一下。

别友人

陈非一

车尘回望隐阑夜，萧飒寒枝漫寂寥。

山水迢迢从此别，孤灯独立对云霄。

别友人（新韵）

廖今今

京蓟相从二三载，青葱岁月散犹风。

今宵多少离别泪，日日追怀叹此情。

两首诗的遣词造句都有一定功底，格律与谋篇也没什么问题，最主要的区别在于，第一首包含丰富的意象：车尘、寒枝、山水、孤灯、云霄。这些意象共同营造出一幅幅画面，渲染出依依不舍之情与离别后的孤单冷落之境。与第一首相对照，第二首则几乎没有给人任何画面感，看起来情绪饱满，但失之空泛，所以情味和感染力便相形见绌了。

我们不妨回顾一下李商隐是如何写离愁的。

夜雨寄北

李商隐

君问归期未有期，巴山夜雨涨秋池。

何当共剪西窗烛，却话巴山夜雨时。

"何当共剪西窗烛，却话巴山夜雨时。""西窗剪烛""巴山夜雨"，多少离愁别绪含而不露，只将眼前之景化作对日后相逢的想象。因其意象幽静、思绪深婉，千百年来感动了无数读者。

意象由写作者根据自己的情感与经验创造，但成功的创造并非任意为之，而是与传统的和鸣。中国古典诗词有一套相对稳定的意象传统，这套传统是对使用意象的限制，同时也是加持。

这里我们以古诗词中的常客"月"为例，看看这个意象是如何被运用于不同场合的。

作为暗夜之中天地四方的联结者，月常常勾起远隔天涯的亲友们的"思乡怀人"之情。"海上生明月，天涯共此时。"（张九龄《望月怀远》）"今夜月明人尽望，不知秋思落谁家。"（王建《十五夜望月寄杜郎中》）"露从今夜白，月是故乡明。"（杜甫《月夜忆舍弟》）……

月的柔美还可以令人联想到美人，在我们熟悉的成语"花容月貌""闭月羞花"中，月是美貌的象征。《诗经·陈风·月初》里有"月出皎兮，佼人僚兮，舒窈纠兮，劳心悄兮"的咏唱，"月"在这里既是起兴也是比拟。

月宛如皎洁无瑕的玉璧，可以作为高洁品格的象征。李白就酷爱以月自比："含光混世贵无名，何用孤高比云月。"（《行路难三首》其三）"观心同水月，解领得明珠。"（《赠宣州灵源寺仲濬公》）"天清江月白，心静海鸥知。"（《赠汉阳辅录事二首》其一）

月的阴晴圆缺可以代表人们的聚散离合，也可以表现世事的沧桑变化。"秦时明月汉时关，万里长征人未还。"（王昌龄《出塞二首》其一）"淮水东边旧时月，夜深还过女墙来。"（刘禹锡《金陵五题·石头城》）"月魄在天终不死，涧流赴海料无还。"（陈宝琛《鼓山觅竹坡题句不得怆然有赋》）月亘古高悬，是时间与历史的见证者。

月的境界可大可小。大到“明月出天山，苍茫云海间”（李白《关山月》），小到“花在杯中，月在杯中”（辛弃疾《一剪梅·中秋无月》）。可亲时有“绣帘开，一点明月窥人”（苏轼《洞仙歌·冰肌玉骨》）的俏皮，深邃处又能引人发出“江畔何人初见月，江月何年初照人？”（张若虚《春江花月夜》）的永恒追问。

从“月”这个意象中，我们看到丰富的内蕴、灵活的呈现，以及有所承续的表意传统。不要把意象机械地理解为“象”与固定的“意”之间的翻译和转码；同时也不能枉顾规律、无视传统，随心所欲地穿凿附会。

学习诗词写作，首先要具备运用意象的意识，接下来所需的便是多读多写多体会。运用之妙，存乎一心。

学生作品选评

一、教师点评

五言绝句

咏中秋（新韵）

刘佳音

皎皎空中月，涓涓照世间。

玉盘盈满夜，万户庆团圆。

教师点评

在近体诗中，五绝的字数最少，想写好却有很大难度。因为语言简省，所以每个字都要有分量。因为容量有限，所以要意在言外，余音不绝。

刘佳音同学的这首作品清通晓畅，可见小作者的诗词功底。前两句以叠字起承，有《古诗十九首》的味道，风格高古，正是五绝作法。但是细究起来，“空中月”的表达略有些松散，“月”字如果不加修饰语，自然是在空中无疑。这里不如改成“皎皎中天月”，点出月的位置是居于中天，才好有下一句的光照世间。

“涓涓”用得颇有匠心，堪称全篇的亮点。形容月色，我们容易想到的是“娟娟”，但“娟娟”属于过于现成的表达，得来容易，在七律中铺排尚可，在五绝中就显得太平庸了。“涓涓”是细水缓缓流淌的样子，明月虽然高悬中天，光照人世，但光芒并不刺眼，而是如涓涓溪流般温柔而澄澈。

“玉盘”代指月亮，而非月光，盘是有形的器物，不宜和“盈满夜”搭配。另外，“盈”和“满”同义，连用不免累赘。我们要注意，现代汉语以双音节词居多，而古代汉语则以单音节词为主，在诗词写作中，尤其应该尽力使文字精练。

“玉盘盈满夜”作为转句是合格的，蓄势待发，仿佛拉满了弓弦。而最后一句“万户庆团圆”却软弱无力，难以收束全篇。究其原因，“庆团圆”不是诗家语，这里是否用“以景结情”的方式来处理更合适呢？请大家一起来给刘同学想想修改的办法。

七言绝句

春（新韵）

岳会成

小楼昨夜醉清风，推杯换盏饮不停。

香松玉柏春秋绿，不及菡萏一时红。

教师点评

岳会成同学的这首七绝，优点是显而易见的，那就是写出了独到的思考。人们常常赞美松柏常青，小作者却认为荷花虽然花期有限，终将凋残，但是那绚烂的绽放本身便有着无可替代的美，为松柏所不能及。

写花即写人，我们粗看来前后两联似乎有脱节之嫌，但细细品读，荷花的盛开不正和“推杯换盏”的及时行乐表里呼应吗？所以，题目《春》也许指的正是“青春”吧。

我们说绝句在后两句必须发力，所以要把得意的句子安排在后面，用前两句来蓄势。这首诗就是绝句篇法上成功的范例，我们如果试着将前后两联调换位置，似乎在逻辑上更符合从景到人的思维顺序，但表达效果就差得多了。

这首诗最大的问题出现在平仄上面。“推杯换盏饮不停”是平平仄仄仄仄平，需要调换一下语序，改为“换盏推杯饮不停”。

“香松玉柏春秋绿”与上句失粘，与下句失对，必须修改。可以改为“最是无情松柏绿”，不仅协调了平仄，还能增加转句的力度。最后一句“不”字和第二句重复，可以改为“未”。

改后合乎平仄的版本如下：

小楼昨夜醉清风，换盏推杯饮不停。
最是无情松柏绿，未及菡萏一时红。

五言律诗

望　山

张亦晨

京畿寻胜景，何处觅仙踪。
烟柳拥峦翠，坚松立岭重。
湖清浮叠影，天远嵌孤峰。
更上佛香阁，西山似卧龙。

教师点评

张亦晨同学诗词功底不凡，不仅可以熟练使用《平水韵》，而且造语精工，妙趣迭出，这首诗可以算得上是很成功的作品。

从谋篇上看，可谓章法井然。颔联写山之细部，颈联写山之大观，尾联更上层楼，一句“西山似卧龙”，笔力雄健，山的全貌呼之欲出。

这首诗最明显的问题在于首联的合掌，“何处觅仙踪”有凑韵之嫌。试改为："清秋幽兴发，胜境绝人踪。"一方面避开合掌，另一方面略变句式。此外，既然尾联点到"佛香阁"，那么"京畿"亦可省去。

另外一个问题是，原诗从首联到颈联，六句的动词全在第三字上（寻、觅、拥、立、浮、嵌），使得全篇句式上有些板滞，缺少变化。

尾联"更上佛香阁"（仄仄仄平仄），仄声过多，尤其是第三字"佛"为仄声，所以对句可以选择以第三字救，把"似"换掉，改为"西山如卧龙"（平平平仄平），使全联音律更为协调。

七言律诗

空　调

韩庚达

年年夏日着罗裳，鸟在花阴蝶已藏。
团扇何能传惬意，玉瓜怎得解炎肠。
那堪鬼斧听风瑟，缘起天工看制良。
漫道清凉本无价，我言冷冷自飘香。

空调修改稿（新韵）

人间何处觅清凉？鸟在花阴蝶已藏。
簌簌孤鸣如密语，滔滔冷气似飞霜。
高士常存七尺志，精钢亦有九回肠。
清风漫道本无价，浮世归来且闭窗。

教师点评

韩庚达同学如今已是一名优秀的青年诗人，出版有两部诗词集，这首七律是他初二初学诗词时的青涩之作。从用韵上我们可以看到，小作者当时已经能够熟练地使用《平水韵》，不仅体现于韵脚，而且在句中的位置，“着”“得”都作为入声字使用，颇见功力。通篇的平仄毫无瑕疵，还在“漫道清凉本无价”一句中使用了锦鲤翻波的变体，体现出不俗的功底。全篇的遣词造句也颇见才思。

然而，用更高的标准来看，这首诗还有许多不足之处。首联“年年夏日着罗裳，鸟在花阴蝶已藏”作为起句先言他物，由天气炎热而引出空调的主题，十分自然。但是首联的两句之间连接比较松散，作为起句没有振起全篇的力度。“罗裳”是罗裙的意思，因此这句的表达也无法体现“凉爽”。将出句改为“人间何处觅清凉”，用问句造势，如此一来，“鸟在花阴蝶已藏”就有了似答非答的妙用。蝶鸟都已藏在花阴，人又在“何处觅清凉”呢，这样就引出了“空调”的话题。

“团扇何能传惬意，玉瓜怎得解炎旸”作为颔联太松缓。一首律诗四联之间起承转合，首联尚可以侧面描写，颔联就必须进入主题。另外，惬意是偏正结构，炎旸是并列结构，词性上对仗略有瑕疵。改为“簌簌孤鸣如密语，滔滔冷气似飞霜”，直接从音与象两个角度来描写空调的特点，可保无虞。

颈联是决定一首律诗成败的关键之处，必须是全篇精神所在。

“那堪鬼斧听风瑟，缘起天工看制良”气力不俗，但失之空泛，造句也有些生涩。“制良”令人费解，如果指“制作精良”，那么这并非空调独有的特点，这类空洞描述应尽力避免。另外在句法上，颔联的“传惬意”“解炎旸”和颈联的“听风瑟”“看制良”同为动宾短语，失之板滞。“何能”“怎得”“那堪”“缘起”（包括尾联的“漫道”“我言”），不免太过重复。

咏物之妙在于拟人，可以把空调想象成人，寻找物和人的共同点。“高士常存七尺志，精钢亦有九回肠”一联算是勉力为之。空调孤悬一室，凭高视下，似隆中“高士”，“七尺”是高悬的位置，也是人的代称。空调由“精钢”所铸，吞吐冷风，却也有百转柔肠（空调管）。如此一来，空调也就被写出了些“人味儿”，增添了些生趣。

尾联收束全篇。“漫道清凉本无价”是亮点！咏现代之物贵在于古今之间穿梭往还，用古人的语言写出一些现代的趣味。古人云“清风明月本无价”，而如今清风却要花钱来买（电费）。抓住了这一点，可见小作者的敏锐。可惜的是“我言冷冷自飘香”收束无力，“冷冷”是生造语，空调如何“飘香”也不得而知。改为“浮世归来且闭窗”，仍以现代人的生活情态做结，和王维的“归来且闭关”（《归嵩山作》）古今照应，产生了一些互文的趣味。

咏物诗贵在借物抒情，托物言志。归根结底，“物”只是载体，“人”才是主角。读者们牢记这一点，也就把握了咏物三昧。

二、学生修改与自评

放风筝（原稿）

崔之凡

往来飞纸鹞，起落泛山阿。
日照衣生彩，风吹翅荡波。
行人时不见，归雁了无多。
独有我牵线，似同天拔河。

放金鱼风筝（改稿）

往来飞纸鹞，起落泛山阿。
日照鳞生彩，风吹翅荡波。
行人时不见，归雁了无多。
独有我牵线，似同天拔河。

作者自评

将“衣”改为“鳞”可谓解村老师的妙笔，一字师！在我原来的写作中，此处确实是想体现出金鱼风筝被日光照耀闪闪发光的形态，但是炼字水平有限，只能用较为笼统的“衣”字，解村老师结合风筝鱼的造型，改“衣”为“鳞”，生动形象，并且暗合“日照龙鳞点点金”，对仗也更加工整，神来之笔！

听小杜鹃（原稿）

崔之凡

落日残红里，哀哀叫帝关。
声寒花带血，泪永发生斑。
栖止枝何在，往来身未闲。
无人解漂泊，判老在深山。

听小杜鹃（改稿）

落日残红里，哀哀叫帝关。
声寒花带血，泪永羽生斑。
栖止枝何在，往来身未闲。
无人解漂泊，判老首阳山。

作者自评

“发”改为“羽”有两点原因，泪往下流，所以无法使头发生斑，关联性不强。另外“发生”连看，有歧义。

“在深山”改为“首阳山”，是因为这首诗整体比较直白，虽然融了“叫帝关”“杜鹃泣血”两个典故，但整体看起来依然过于直白朴拙。增加“首阳山”一典，一则使诗读起来不那么直白，二则将杜宇与伯夷、叔齐身死首阳山做类比，体现出杜鹃鸟孤高不群，漂泊深山，无人知晓。

木兰舟（原稿）

崔之凡

杳杳木兰舟，浮沉不自由。

或偿驴马债，来拟稻粱谋。

日月烟霞客，江湖风雨秋。

此生翻似梦，为底作淹留。

木兰舟（改稿）

杳杳木兰舟，浮沉不自由。

或偿牛马债，来拟稻粱谋。

日月烟霞客，江湖风雨秋。

何人遗桂棹，尘海暂淹留。

作者自评

原稿的情感比较混乱，情感抒发落在了“浮生若梦，不如隐遁尘世”上，比较虚。而且逻辑链条不完整，因为颔联已经写明木兰舟不自由的原因，尾句的“为底作淹留”便成了一个非常空洞的发问。经过老师和同学指点，将情感转换到“木兰舟渴望停留”上，这样既紧扣所咏之物，又与颔联、颈联木兰舟的遭遇相关联，逻辑通顺。

步韵诗友赋屈原（原稿）

鲁杨泰

楚江依旧泛波涛，滚滚千年君独高。

《哀郢》谩由凌雨雪，《过秦》① 空赋送风骚。

① 《过秦》：指《过秦论》作者贾谊。

风骚笔下居孤泪，清浊心中卜自牢。
惆怅行吟今惨淡，秋声秋梦引微毫。

步韵诗友赋屈原（改稿）

楚江依旧泛波涛，滚滚千年君独高。
《哀郢》争知新梦幻，《过秦》空赋旧风骚。
风骚卜得笺天泪，清浊居淹画地牢。
纵有豪情谁不愿，唯将瘦骨诉渔篙。

作者自评

原诗中，首联自以为尚可；颔联“凌雨雪”与屈原作于春日的《哀郢》关联不明显，仅有象征义，故改动为“新梦幻”，以示楚王越来越昏庸荒谬；颈联嵌“卜居”二字过于生硬，同时由于韵脚为“牢”，“卜自牢”过于缩略，表意不彰，故改为更好理解的“画地牢”；尾联过于直白，堆砌词语，而宕出一笔写作者本人，并无必要且质量不高，故修改为继续议论屈原，并通过使用《渔父》的典故，以彰显其悲剧色彩。

访友（原稿）

鲁杨泰

暑风邀我赴乡邑，陌阡信步有田家。
柳枝凉带中庭雨，荷径香漫老圃茶。

枉顾烟尘图宦海，归来咫尺似天涯。
主人幸也察余怅，邀客茗后同食瓜。

访友（改稿）

邀我暑风赴乡邑，陌阡信步是田家。
柳枝凉携虚窗雨，荷径香催小圃茶。
枉顾烟尘图宦海，归来咫尺似天涯。
主人幸也善察意，邀客留连同食瓜。

作者自评

首联出句与对句平仄失对，故更改首句句序成为“特拗”格，倒装使句子结构富有变化，且首联对句“有”字与主题不协，故改为“是”字，以表明其为友人田家；颔联“庭”“圃”所指略有相同之处，故更换物象，调整字眼；尾联呼应颈联的“怅”过于直白，且首联有“我”，尾联不宜再用“余”，故改“怅”为“意”以稍作缓和，使之含蓄，并省去无关信息，进一步表现作者对乡村美景的忘返之情。

无题（原稿）

鲁杨泰

夕阳避我曷其极，极目天涯犹婉歌。
想象今宵欠诗酒，行吟故事对江波。

寒篇摇落纷如是，忍语沉浮奈若何。
抵死清幽真好月，春风乃后采莲多。

无题（改稿）

夕阳避我曷其极，极目天涯犹婉歌。
想象今宵欠诗酒，行吟故事对江波。
寒篇摇落纷如是，客路沉浮奈若何。
抵死空明真好月，谁怜黯淡小星多。

作者自评

本诗风格较为朦胧，且使用“以文为诗”理论，将古文笔法和虚词运用至诗词创作。颈联对仗牵强，予以修改；尾联对句从读者视角审视属于“凑句”（为押韵而作出与全诗关联较小的句子），故放弃过于个人化的难解隐喻，重新修订，同时调整尾联出句，使铺垫明显。

西郊归晚（原稿）

刘卜文

归程十里自闲行，碧落无垠素月生。
山势阑干丛木翠，长街昏黑晚灯明。
浅红春色终无久，灰暗云霾何不清？
可怜此日空街市，不是当年旧帝京。

西郊归晚（改稿）

游胜归迟作夜行，轻车信马任浮生。
驿路西来山捭阖，碧空东望月胧明。
游园空赏春华好，在户何知天气清？
遥忆行人熙攘处，几回梦里是燕京。

作者自评

原稿很好地描绘了景色，但感觉少了些韵味和气势。于是我推翻重写，自己步原稿韵作了第二首，前四句所绘景物与第一首类似，但多了些古韵，意境也更为开阔。同样是在颈联转折，第二首却比第一首自然得多，且避免了颜色词的过度使用。

感旧（原稿）

刘卜文

曲阑独倚泪将流，聊借星辉忆旧游。
燕蓟凯风非我恨，秦淮夜雨似侬愁。
彩笺不寄情深浅，素月空知客去留。
相思莫作伤情语，拼却清狂一醉休！

感旧（改稿）

夜窗半掩倚危楼，聊借星辉忆旧游。
蓟北长风千树乱，江南烟雨一溪愁。
彩笺不寄情深浅，素月空知客去留。

相思莫作伤怀语，拼却清狂一醉休！

作者自评

此篇大约有如下几个问题：

一是“凯风”容易引起歧义。

二是“情”字使用两次，显得有些重复。

三是通篇都在抒情，显得过于直接，没有旧体诗词的蕴藉之美。

前两个问题可以通过换字的方式解决。而对于第三个问题，可以让诗中写景的成分多一些。颔联强行对仗的成分较大，可以改为用列锦手法描绘风光的句子。

于是二稿中，颔联变成了“蓟北乱风几窗影，江南烟雨一溪愁”，但“蓟北乱风几窗影”仍显出一种不协调的感觉，经老师的指点，可以以乱对愁，并以“千树”托出气势。

首联起得不好，改稿完全以环境起笔，相对好了一些。

西楚殇（原稿）

侯靖凯

霸王盖世功，一炬付秦宫。

楚汉元无异，风流逊沛公。

西楚殇（改稿）

楚汉元无异，风流逊沛公。

霸王功盖世，一炬付秦宫。

作者自评

原稿的问题在于前面“盖世”“一炬”力道很足，最后“风流逊沛公”没接上这力道。换换顺序，先说霸王输在了风度不够，再写他烧毁秦宫的暴行，就顺畅多了。

星尘（原稿）

侯靖凯

闲步寒光里，举头若有声。
云随心事远，月伴眼波明。
几度嫦娥老，一朝云汉生。
愿君随我意，直向九天行。

星尘（改稿）

昨夜寒光彻，随君陌上行。
云随心事远，月伴眼波明。
来世固难料，此生何不清？
人间原一粟，天外有幽声。

作者自评

原稿很多地方都有问题，首联存在孤平（举头若有声），颔联、颈联存在重字（云），尾联更是莫名其妙。于是我把首联和尾联的意境调换了一下，然后干脆用颈联、尾联来解释自己的思考，点出诗题“星尘”之意。

附：优秀作品欣赏

江南暮色

马欣悦

青瓦溦声细，长街花影绵。
酒风醺岸柳，渔火漫江天。

咏　月

沈相宜

危楼邀玉魄，肝胆照孤光。
冰雪千山彻，清风百代肠。

无聊之作

崔之凡

五月三十日，阴云黯淡天。
我拿手电筒，想把夜戳穿。

脚（新韵）

侯靖凯

海外有英邦，经量上庙堂。

民间多少事，皇帝一足长①。

咏现代物理（新韵）

侯靖凯

乾坤二象中，相克本相生。

天意当难测，光阴自不同。②

登滕王阁杂感（新韵）

李文浩

昔年子安毫墨落，序文挥就满堂香。

今朝笔下秋江水，浊色难同天际光。

萤

崔之凡

曳火傍飞衰草丛，星星点点荡西东。

为怜明月夜辛苦，故以微光寄世中。

清明祭

刘卜文

猎猎低旗向晓空，笛鸣声断已随风。

---

① 英尺与脚的英文都是 foot，源于古代英国关于长度单位的纷争。

② 四句分别指波粒二象性、物质与反物质、测不准原理、相对论。

垂首无声哭壮士，长歌有意挽英雄。

咏　棠

袁家齐

昨朝歌未央，点破海棠香。

玉袖留清霁，红冰坠暖光。

虽凋千冢墓，未使半枯亡。

梦损情犹煦，半城旖旎妆。

咏月（新韵）

崔之凡

举酒杯中璧，横塘桥下痂。

飞白拂苑树，泼墨隐庭鸦。

也顾村贫客，不独侯贵衙。

人间皆照尽，未有漏谁家。

离　乡

崔之凡

脚不结盘根，飘零离蓟门。

霜风吹聚散，南北度寒温。

雨是云流泪，月为天裂痕。

客愁迷蝶梦，所得只销魂。

读李生文章有感借工部句以赠之二首

韩庚达

其一

不见李生久，才高谁薄同。
易过三载绿，难对一尊红。
彩笔新题满，浮云旧梦空。
莫论鬼神事，当纵玉花骢。

其二

文章憎命达，花草感春愁。
肠为牢骚断，心随日月浮。
读书十年夜，桂子一朝秋。
待到乘槎去，君须念旧游。

中秋怀友人（新韵）

王铭言

仲夏离别去，情思已数重。
王戎伤阮步，元稹泣白公。
寄语声尤烈，鱼书墨尚浓。
知音明月夜，万里念相逢。

读松尾芭蕉古池俳有感

辛　衍

天地安常性，清风不定行。
水灵因有漾，山意在无声。

客兴三重味，诗精一字诚。
道心非物外，能体四时情。

夜游（新韵）

方旖旎

心有千结难入寐，执灯孤影缓登楼。
水清寒月成双影，雨夜声烦独自愁。
缘浅思君君少意，梦沉犹醉醉千秋。
不恨当年回首日，春秋几度解情由。

童年逝（新韵）

张斯巧

遥忆少年懵懂日，暖风细雨浸书帘。
银铃笑语耳旁荡，铜镜娇颜眸底甜。
流水无情随雪逝，落花有意伴风残。
虽期岁月永依旧，但盼人心亘古然。

游云滇

巫筱涵

朝别祁连寄短笺，夕随小艇度云滇。
山溪唤住栖樱雪，野象寻来饮竹烟。
万郭灯明皆是客，千江月满俱由天。

何须自弃生如蚁，叶落花开一百年。

自嘲二首

侯靖凯

其一

明日何言以蔽之？半宵春梦两行诗。
有头有尾非吾事，无疾无伤不可医。
浪子终知异乡冷，闲人莫道此情痴。
白驹已过三千里，正是蹉跎岁月时。

其二（新韵）

不爱读书只爱眠，惺忪醉眼尚悠然。
常因面上七八事，抛尽囊中三两钱。
前路原来真末路，今年何谓胜当年？
明朝见我街头卧，无饭无衣君莫怜。

自　勉

鲁杨泰

漫许他年举巨鹏，自安犹蛰待时通。
烟含歧径亨衢掩，云见高峰绝顶中。
笔墨薄情空乏骨，庸凡有运讵为雄。
若无梦醒笙声断，何处秋风与我同。

放学一夜

鲁杨泰

惆怅寒街万处同，悬楼迷雾祷东风。
瞻高怀旧月应满，系马淋灯影自空。
畔外鄂君怜度曲，花前秦策起惊鸿。
试宽无谓心头事，总醒奔雷照眼瞳。

新春对酒二首

韩庚达

其一

抱灯对酒醉依稀，世事年年我渐违。
还忆曾经桥上饮，也如蝴蝶梦中飞。
江头一去离山郭，白发春来转翠微。
满眼萧疏谁凭借，芦花伴雪更轻肥。

其二

闲却风光又一春，明年谁是赏花人。
不堪无数灯漫眼，添得几杯酒入唇。
叹世扶藜二三子，雕词琢句骆王臣。
莫教君问乌巾事，归去徒劳笑此身。

雪夜（新韵）

刘卜文

一时飞絮起京城，宛转飘摇到五更。
古木风中空瑟瑟，行人陌上自匆匆。

风霜送恨西窗里，月魄凝辉白露中。
千里苍茫共今夜，狂歌醉舞有谁同？

五子棋（新韵）

马欣悦

玄素珍珠拘木台，孩童掌下较合拆。
彗星无过生绝路，浦月非功显大才。
凡界名成情未鉴，天涯子落命难猜。
妖刀直指须及乐，倾覆残棋人不哀。

折腰次鲁迅先生自嘲韵以抒怀 庚子年正月廿五于异地

辛　衍

康庄自古碍难求，我辈何曾惧碰头。
猛浪崩云开日蔽，孤舟倚棹泛江流。
仍世敢空少年志，执生安作老来牛。
整襟收拾不平气，长付昆仑两度秋。

近体诗的几种“玩法”

孔子说：“诗，可以兴，可以观，可以群，可以怨。”（《论语·阳货》）“兴观群怨”概括了诗的四大功能。这里的“群”指的就

近体诗的
几种“玩法”

是借助诗歌与人交流，进而结交朋友。在古代文人那里，诗词的形式渗透在生活的各个方面，变化出万千的“玩法”。我们在这里简单介绍一下“联句”“唱和”“拈题分韵”三种形式。在人大附中的诗词写作课上，学生结成了几个诗社，这三种玩法也正是我们三次诗社活动的内容。

联　句

联句指的是两人以上共作一首诗，联结成篇。

联句有多种形式，我们在这里主要介绍最广为接受的一种：五言排律。即A出上句，B对下句，完成一联，同时B再出下一联的上句，由C对下句并再出一句，如此进行，直到最后一人收尾。由于五言排律是近体诗的一种，所以在用韵、平仄、对仗上都有严格的要求，具体要求请参见本章第二、三节的内容。

《红楼梦》中的《芦雪庵即景联句》在前半段使用的就是这种“接力”的形式。

芦雪庵即景联句

（凤姐：）一夜北风紧，（李纨：）开门雪尚飘。
入泥怜洁白，（香菱：）匝地惜琼瑶。
有意荣枯草，（探春：）无心饰萎苕。
价高村酿熟，（李绮：）年稔府粱饶。

葭动灰飞管，（李纹：）阳回斗转杓。
寒山已失翠，（岫烟：）冻浦不闻潮。
易挂疏枝柳，（湘云：）难堆破叶蕉。
麝煤融宝鼎，（宝琴：）绮袖笼金貂。
光夺窗前镜，（黛玉：）香粘壁上椒。
斜风仍故故，（宝玉：）清梦转聊聊。
何处梅花笛，（宝钗：）谁家碧玉箫。
鳌愁坤轴陷，（湘云：）龙斗阵云销。
野岸回孤棹，（宝琴：）吟鞭指灞桥。
赐裘怜抚戍，（湘云：）加絮念征徭。
坳垤审夷险，（宝钗：）枝柯怕动摇。
皑皑轻趁步，（黛玉：）剪剪舞随腰。
煮芋成新赏，（宝玉：）撒盐是旧谣。
苇蓑犹泊钓，（宝琴：）林斧不闻樵。
伏象千峰凸，（湘云：）盘蛇一径遥。
花缘经冷聚，（探春：）色岂畏霜凋。
深院惊寒雀，（岫烟：）空山泣老鸮。
阶墀随上下，（湘云：）池水任浮漂。
照耀临清晓，（黛玉：）缤纷入永宵。
诚忘三尺冷，（湘云：）瑞释九重焦。
僵卧谁相问，（宝琴：）狂游客喜招。
天机断缟带，（湘云：）海市失鲛绡。
（黛玉：）寂寞对台榭，（湘云：）清贫怀箪瓢。

（宝琴：）烹茶冰渐沸，（湘云：）煮酒叶难烧。
（黛玉：）没帚山僧扫，（宝琴：）埋琴稚子挑。
（湘云：）石楼闲睡鹤，（黛玉：）锦罽暖亲猫。
（宝琴：）月窟翻银浪，（湘云：）霞城隐赤标。
（黛玉：）沁梅香可嚼，（宝钗：）淋竹醉堪调。
（宝琴：）或湿鸳鸯带，（湘云：）时凝翡翠翘。
（黛玉：）无风仍脉脉，（宝琴：）不雨亦潇潇。
（李纨：）欲志今朝乐，（李绮：）凭诗祝舜尧。

这里“一夜北风紧”是凤姐的起句，李纨对“开门雪尚飘”，由于是首联，可以不对仗。李纨同时出句“入泥怜洁白”，香菱对“匝地惜琼瑶”，同时再出“有意荣枯草”……

就这样一直进行到后半段，突然又改成了一人一句。可见作为一种游戏式的写作，联句的具体形式是灵活多变的。除了这两种形式，古人还有一人一联或一人数联的玩法。

另外需要提醒大家的是，联句虽然系共同创作，但终究还是一篇完整的诗作，要讲求衔接通畅，意思连贯，不能散乱无章。下面这首是早培八年级随缘诗社的作品，在这方面做得比较好，供大家借鉴。

春日即景联句（新韵）

马欣悦　王启尧　游　毅　赵佳伟

一夜东风起，余寒雪未融。
枯枝颜待染，冻土草先生。

燕返寻新绿，梅开映旧红。
青山重踏寺，细雨再生虹。
晓看今朝日，晨观素翠松。
田间花斗彩，苑里鸟争鸣。
野旷风光改，书生意气恒。
伤春空待暮，无语闭窗栊。
俶尔花飞入，笑间山寺空。
待到枝消雪，才知夏已成。

唱　和

诗词唱和指的是用诗词的形式彼此赠答，或就同一事物分别写作，以此来交流思想，增进情感。如果和的是古人作品，则也是一种向古人致敬的方式。

第一首称为“唱”，其他人受原作影响而创作的称为“和”。唱和的作品要在内容、情感或思想上有所关联。

从用韵的角度，诗词唱和大体可以分为四种形式：和意、依韵、用韵、次韵。

（一）和意

和意指和作针对原唱之意而和之，或同意，或近意，或反意，对用韵和体裁都不做要求。

比如以下两首，贾至原唱用的是“七阳”韵，杜甫的和作用的是“四豪”韵。

早朝大明宫呈两省僚友

贾　至

银烛朝天紫陌长，禁城春色晓苍苍。
千条弱柳垂青琐，百啭流莺绕建章。
剑佩声随玉墀步，衣冠身惹御炉香。
共沐恩波凤池上，朝朝染翰侍君王。

奉和贾至舍人早朝大明宫

杜　甫

五夜漏声催晓箭，九重春色醉仙桃。
旌旗日暖龙蛇动，宫殿风微燕雀高。
朝罢香烟携满袖，诗成珠玉在挥毫。
欲知世掌丝纶美，池上于今有凤毛。

（二）依韵

依韵就是和作和原唱使用同一个韵部，但韵字不完全相同。

比如以下这两首，杜甫的原唱和小作者的和作都用的是“四支”韵，然而韵脚的用字除了“时”与“思”外都不相同。

秋兴八首（其四）

杜 甫

闻道长安似弈棋，百年世事不胜悲。
王侯第宅皆新主，文武衣冠异昔时。
直北关山金鼓振，征西车马羽书驰。
鱼龙寂寞秋江冷，故国平居有所思。

依韵杜甫秋兴其四

王铭言

长江落木已多时，谁叹少陵野老诗。
天末鄜州平野阔，凉风独看马山池。
悲吟万古尽凄美，传唱千年是苦思。
今日闻君讴杜律，绵延心语未相离。

（三）用韵

用韵也称从韵，指的是和作和原唱使用完全相同的韵字，但是位置可以打乱。以元白唱和之作为例，请注意画线的韵字。

八月十五日夜禁中独直，对月忆元九

白居易

银台金阙夕沉沉，独宿相思在翰林。

三五夜中新月色，二千里外故人心。
渚宫东面烟波冷，浴殿西头钟漏深。
犹恐清光不同见，江陵卑湿足秋阴。

酬乐天八月十五夜禁中独直玩月见寄

元　稹

一年秋半月偏深，况就烟霄极赏心。
金凤台前波漾漾，玉钩帘下影沉沉。
宴移明处清兰路，歌待新词促翰林。
何意枚皋正承诏，瞥然尘念到江阴。

（四）次韵

次韵也称步韵，要求不仅韵字相同，而且韵字在诗词中的位置也相同。这是几种唱和形式中限制最多的一种，却也是最常见的一种。

我们一起来欣赏一下两位学生的唱和作品。

童年逝（新韵）

张斯巧

遥忆少年懵懂日，暖风细雨浸书帘。
银铃笑语耳旁荡，铜镜娇颜眸底甜。
流水无情随雪逝，落花有意伴风残。
虽期岁月永依旧，但盼人心亘古然。

步韵和张斯巧《童年逝》(新韵)

李　婧

当年童稚明眸转，情语无心笑入帘。
馥馥早梅玩性盛，萋萋芳草桂糕甜。
同游晨乐春寒褪，牵手夜观夏月残。
豆蔻韶华娇似蕊，忆及龆齿自欣然。

拈题分韵

拈题分韵是近体诗“玩法”中相对比较复杂的一种，也是诗社活动的主要形式。大家在有趣味的写作竞赛中各逞诗才，切磋碰撞。这里有三个需要考虑的形式因素，即“题”、“韵”和“体”。举行活动的时候可以将不同因素任意组合，发挥自己的创造力。所以“拈题分韵”实际上是一种泛称，具体形式则十分多样。此外，古人笔力强健，常常限时，在集会的短时间内完成，读者们如果难以做到，大可以各自私下完成。

限体最简单，即大家商定写作的诗体，是五绝、七绝、五律还是七律，当然也可以限古风或词曲。

限题有两种主要形式：限定题目或同题分咏。限定题目即大家共写同一题目。同题分咏则是大家就同一对象各从不同角度写作，参见后文《菊花诗》的例子。

韵的方面则分为限韵和分韵。限韵可以是指定或抽签决定大家共同使用某一韵部，如限定“二萧”韵，就要求每个人用的韵字都在此韵部之内；也可以进一步限制，即抽取几个特定的韵字，参见下面《咏白海棠》的例子。分韵则是大家各自分到不同的韵字来写作，除了抽签这种最常见的方式外，这里再试举一种方法供读者们参考。例如：将一个词或一句诗文拆开，每个人领其中一个字，在诗的第一个押韵处使用这个韵字，之后则继续使用这个字所在的韵部来写作。比如某次诗社活动有三位同学参加，共同写诗纪念苏东坡，我们就可以将“苏东坡”三个字拆开，领“苏”字的用“七虞”韵，领“东”字的用“一东”韵，领“坡”字的用“五歌”韵，另外在诗的第一个押韵处要分别用上“苏”“东”“坡”三个原字。近体诗押平声韵，这种全部是平声的词句不易得，如果是有平有仄的句子如“明月几时有，把酒问青天”，抽到仄声字的就可以写古体或词。

我们来看看《红楼梦》中的两个例子，如何体现了“体”、“题”和“韵”的组合。

·七律＋限定题目＋限韵（韵字“门、盆、魂、痕、昏”）·

咏白海棠

探　春

斜阳寒草带重门，苔翠盈铺雨后盆。
玉是精神难比洁，雪为肌骨易销魂。
芳心一点娇无力，倩影三更月有痕。
莫谓缟仙能羽化，多情伴我咏黄昏。

宝 钗

珍重芳姿昼掩门，自携手瓮灌苔盆。
胭脂洗出秋阶影，冰雪招来露砌魂。
淡极始知花更艳，愁多焉得玉无痕。
欲偿白帝凭清洁，不语婷婷日又昏。

宝 玉

秋容浅淡映重门，七节攒成雪满盆。
出浴太真冰作影，捧心西子玉为魂。
晓风不散愁千点，宿雨还添泪一痕。
独倚画栏如有意，清砧远笛送黄昏。

黛 玉

半卷湘帘半掩门，碾冰为土玉为盆。
偷来梨蕊三分白，借得梅花一缕魂。
月窟仙人缝缟袂，秋闺怨女拭啼痕。
娇羞默默同谁诉，倦倚西风夜已昏。

湘 云

其一

神仙昨日降都门，种得蓝田玉一盆。
自是霜娥偏爱冷，非关倩女亦离魂。
秋阴捧出何方雪，雨渍添来隔宿痕。
却喜诗人吟不倦，岂令寂寞度朝昏。

其二

蘅芷阶通萝薜门，也宜墙角也宜盆。

花因喜洁难寻偶，人为悲秋易断魂。
玉烛滴干风里泪，晶帘隔破月中痕。
幽情欲向嫦娥诉，无奈虚廊夜色昏。

·七律十同题分咏·

菊花诗

忆菊　蘅芜君

怅望西风抱闷思，蓼红苇白断肠时。
空篱旧圃秋无迹，瘦月清霜梦有知。
念念心随归雁远，寥寥坐听晚砧痴。
谁怜我为黄花病，慰语重阳会有期。

种菊　怡红公子

携锄秋圃自移来，篱畔庭前故故栽。
昨夜不期经雨活，今朝犹喜带霜开。
冷吟秋色诗千首，醉酹寒香酒一杯。
泉溉泥封勤护惜，好知井径绝尘埃。

供菊　枕霞旧友

弹琴酌酒喜堪俦，几案婷婷点缀幽。
隔坐香分三径露，抛书人对一枝秋。
霜清纸帐来新梦，圃冷斜阳忆旧游。
傲世也因同气味，春风桃李未淹留。

画菊　蘅芜君

诗余戏笔不知狂，岂是丹青费较量。
聚叶泼成千点墨，攒花染出几痕霜。
淡浓神会风前影，跳脱秋生腕底香。
莫认东篱闲采掇，粘屏聊以慰重阳。

簪菊　蕉下客

瓶供篱栽日日忙，折来休认镜中妆。
长安公子因花癖，彭泽先生是酒狂。
短鬓冷沾三径露，葛巾香染九秋霜。
高情不入时人眼，拍手凭他笑路旁。

菊梦　潇湘妃子

篱畔秋酣一觉清，和云伴月不分明。
登仙非慕庄生蝶，忆旧还寻陶令盟。
睡去依依随雁断，惊回故故恼蛩鸣。
醒时幽怨同谁诉，衰草寒烟无限情。

访菊　怡红公子

闲趁霜晴试一游，酒杯药盏莫淹留。
霜前月下谁家种，槛外篱边何处秋。
蜡屐远来情得得，冷吟不尽兴悠悠。
黄花若解怜诗客，休负今朝挂杖头。

对菊　枕霞旧友

别圃移来贵比金，一丛浅淡一丛深。
萧疏篱畔科头坐，清冷香中抱膝吟。

数去更无君傲世，看来惟有我知音。
秋光荏苒休辜负，相对原宜惜寸阴。

咏菊　潇湘妃子

无赖诗魔昏晓侵，绕篱欹石自沉音。
毫端运秀临霜写，口齿噙香对月吟。
满纸自怜题素怨，片言谁解诉秋心。
一从陶令平章后，千古高风说到今。

问菊　潇湘妃子

欲讯秋情众莫知，喃喃负手叩东篱。
孤标傲世偕谁隐，一样花开为底迟？
圃露庭霜何寂寞，鸿归蛩病可相思？
休言举世无谈者，解语何妨话片时。

菊影　枕霞旧友

秋光叠叠复重重，潜度偷移三径中。
窗隔疏灯描远近，篱筛破月锁玲珑。
寒芳留照魂应驻，霜印传神梦也空。
珍重暗香休踏碎，凭谁醉眼认朦胧。

残菊　蕉下客

露凝霜重渐倾欹，宴赏才过小雪时。
蒂有余香金淡泊，枝无全叶翠离披。
半床落叶蛩声病，万里寒云雁阵迟。
明岁秋风知再会，暂时分手莫相思。

下面是几位学生的诗社活动作品。

·五律+同题分咏+限韵（《中华新韵》十一庚）·

念　山

杭　昊

日主晨星去，气清人自兴。
参差瓦影暗，踊跃驼形明。
鸭待新潮涨，莺催旧树青。
如何多挂念，疚散便同行。

望　山

张亦晨

京畿寻胜景，何处觅仙踪。
烟柳拥峦翠，坚松立岭重。
湖清浮叠影，天远嵌孤峰。
更上佛香阁，西山似卧龙。

惊　山

李　婧

石响传风雨，洞开和兽蛩。
层巅惊啸虎，绝壁般吟龙。
迢递八千路，嵯峨十二峰。
仓皇击暮鼓，兀自听晨钟。

第二章 古风的写作

什么是古风？

前面我们已经学习了关于近体诗的相关知识，我们知道了近体诗是唐代诗人在五、七言诗的基础上，接受了六朝文坛崇尚骈偶、讲求音律的习惯，创造出的一种新诗体，故而又称为“格律诗”，唐人也称之为“今体诗”。近体诗在发展过程中，在篇章、句式、对偶、音律等方面逐渐形成了系统的、严格的限定，与之相对，人们将那些不遵循格律要求的诗歌称为“古风”或者“古体诗”。所以，古风的概念与近体诗的概念是相对而出的，其特性也在对比中得以凸显和确定。

所谓“古风”，首先是一个时间概念。这个“古”指唐代以前的时代，唐代之前的诗歌都可以被称为“古风”。其次，“古风”也是一个风格概念，这种风格有别于近体诗，呈现出特有的审美特征。古风没有一整套格律的规定，古风写得像不像、好不好，最关键的就在于能不能把握住古风的审美特征，写出古风味儿，这一点将是我们在课程中要认真研究的。

古风产生于近体诗之前，但是我们这本书却把古风的学习安排在近体诗之后，这是为什么呢？我们是这样考虑的：首先，虽然古风产生于近体诗之前，但“古风”这一概念的明确，却是在近体诗产生之后。古人明确了近体诗的文体特征之后，才将之前那些有别于近体诗的诗体称为“古风”，进而在与近体诗的比较中，古风的种种特征才明晰起来，古风的创作技巧才被有意识地加以探索。其次，相对于近体诗的格律森严，处处立规矩，古风更像是一种返璞归真的“破”，先立后破，我们才更清楚该破什么，又该如何破，进而能在近体诗和古风之间游刃有余。这个道理就好比我们练书法，甲骨文、金文虽然产生在前，但是如今学习书法却是从楷书、隶书入手，因为其规范，有利于帮我们打好基本功的底子。

其实我们对古风一点也不陌生，我们中学的课本中就入选过很多有名的古风作品，比如李白的《将进酒》。

将进酒

李　白

君不见黄河之水天上来，奔流到海不复回。
君不见高堂明镜悲白发，朝如青丝暮成雪。
人生得意须尽欢，莫使金樽空对月。
天生我材必有用，千金散尽还复来。
烹羊宰牛且为乐，会须一饮三百杯。
岑夫子，丹丘生，将进酒，杯莫停。
与君歌一曲，请君为我倾耳听。

钟鼓馔玉不足贵，但愿长醉不复醒。
古来圣贤皆寂寞，惟有饮者留其名。
陈王昔时宴平乐，斗酒十千恣欢谑。
主人何为言少钱，径须沽取对君酌。
五花马，千金裘，
呼儿将出换美酒，与尔同销万古愁。

我们来观察一下这首古风，它和近体诗有哪些不同呢？我们首先来看它的押韵情况：

来、回是押韵的。

发、雪、月也是押韵的，这三个字在古代是同韵部的字，是入声字。

来、杯押韵。

生、停、听、醒、名押韵。

乐、谑、酌押韵。

裘、酒、愁押韵。

我们发现，古风也是要押韵的，但是它不需要一韵到底，中途可以换韵。比如这首《将进酒》，换了五次韵，有五组韵脚，每一组韵脚的数量也不一样。看上去比近体诗要自由不少。但是换韵也是有一定的规则的，不可以随便换。而且古风的换韵跟诗歌本身的表情达意有密切的关系，换韵换得好，声音效果和情感抒发相互配合，更能增强诗歌的感染力。这方面的技巧我们在后面慢慢学习。

另外，这首诗没有对仗句。古风并不要求对仗，当然，在我们的古风作品中穿插一点对仗句也是可以的。我们通过这首诗还可以发现，古风的句数不受限制，句子的字数也相对自由，有三字句，有五字句，有七字句，不同字数的句子还可以互相搭配。句中的平仄安排也是自由的，我们可以根据抒情的需要自由发挥。所以，撇开意境和韵味不谈，单从形式上来说，古风甚至可以称为“用韵的古文”。

古风与律诗的区别

当然，古风无法，并不意味着古风比近体诗更容易学。没有法也就没有框架，没有抓手。相比于近体诗、词那一套严谨的格律，古风只有几个最基本的要求。可是有的初学者把换韵之类的基本要求都做到了，写出来的诗左读右读仍然不像古风，这是为什么？因为古风的根本恰恰在于一种“古”之气象。

古风、近体诗和词，形式不同，美学特征也不同。在我看来，近体诗如君子，文质彬彬；小词如佳人，温婉秀美；古风如壮士，慷慨不羁。要想把诗写出“壮士气象”，其根本的办法，则是要走进古人的精神世界。对待古人的优秀作品，我们需要用心去品，用精神去领悟。

古风的文体特征

下面我们结合经典的古风作品来进一步认识古风。我们先来看几首汉代的经典古风，在阅读后试着从语言风格、韵律特点、句子形式、情感主旨四个方面进行归纳总结，梳理这几首诗在这四个方面有哪些共同点。

涉江采芙蓉

涉江采芙蓉，兰泽多芳草。
采之欲遗谁，所思在远道。
还顾望旧乡，长路漫浩浩。
同心而离居，忧伤以终老。

迢迢牵牛星

迢迢牵牛星，皎皎河汉女。
纤纤擢素手，札札弄机杼。
终日不成章，泣涕零如雨。
河汉清且浅，相去复几许。
盈盈一水间，脉脉不得语。

生年不满百

生年不满百，常怀千岁忧。
昼短苦夜长，何不秉烛游！
为乐当及时，何能待来兹。
愚者爱惜费，但为后世嗤。
仙人王子乔，难可与等期。

驱车上东门

驱车上东门，遥望郭北墓。
白杨何萧萧，松柏夹广路。
下有陈死人，杳杳即长暮。
潜寐黄泉下，千载永不寤。
浩浩阴阳移，年命如朝露。
人生忽如寄，寿无金石固。
万岁更相送，贤圣莫能度。
服食求神仙，多为药所误。
不如饮美酒，被服纨与素。

行行重行行

行行重行行，与君生别离。
相去万余里，各在天一涯。
道路阻且长，会面安可知？
胡马依北风，越鸟巢南枝。
相去日已远，衣带日已缓。
浮云蔽白日，游子不顾反。
思君令人老，岁月忽已晚。
弃捐勿复道，努力加餐饭！

悲 歌

悲歌可以当泣，远望可以当归。
思念故乡，郁郁累累。
欲归家无人，欲渡河无船。
心思不能言，肠中车轮转。

上 邪

上邪，我欲与君相知，长命无绝衰。
山无陵，江水为竭。
冬雷震震，夏雨雪。
天地合，乃敢与君绝。

语言风格

我们首先来总结语言风格。明代的诗评家胡应麟在其作品《诗薮》中说“古诗自质，然甚文；自直，然甚厚”，甚至多“闾巷口语”。这个总结是相当到位的。古风的语言是质朴直率的，我们读这些诗句，就好像在听诗人说话一般，几乎一点障碍都没有，但是一字一句却优雅而有韵味，不鄙俗，不浅薄。像“努力加餐饭”“肠中车轮转”这样的句子，从表达上来说，乍一看觉得很粗浅，甚至很好笑，但是仔细咀嚼，真是厚重！

其实，古风的古意与其语言的质朴有很大的关系，华美雕琢的语言是没有高古之气的。可是，古风的语言固然质朴，甚至有不少口语化的地方，我们却并不能轻易地把我们这个时代的口语掺入诗中，否则写出来的诗缺乏古意，就是打油诗了。所以，我们应当把《古诗十九首》等经典作品反复吟诵，揣摩其语言风格。

《古诗十九首》出自东汉文人之手，没有留下作者姓名。《古诗十九首》整体收录于梁朝萧统选编的《昭明文选》，代表着汉代文人五言诗的最高成就。《古诗十九首》不是一时一地之作，作者也不是一人。其中的诗篇以游子之歌和思妇之词为主，以抒发游子的羁旅情怀和思妇的闺愁见长。其语言简洁生动，朴实无华，哲理深而诗意浓，后人多有模拟之作。

韵律特点

我们再来谈谈古风的韵律特点。我们学习近体诗，知道近体诗一般是押平声韵，但是古风常常押仄声韵。比如《涉江采芙蓉》这首诗，“草”“道”“浩”“老”全是仄声；《迢迢牵牛星》这首诗，“女”“杼”“雨”“许”“语”也全是仄声。

这里我要特别强调一点，现在很多读者写诗用新韵，主要依据韵母来选择韵脚，要注意古风押韵可平可仄，但不能平仄混押。比如“草”和“曹”，韵母相同，平仄不同，是不能算押韵的。

下面我借这几首诗来讲一下古风的换韵。再来看《行行重行行》。

行行重行行

行行重行行，与君生别离。

相去万余里，各在天一涯。

道路阻且长，会面安可知？

胡马依北风，越鸟巢南枝。
相去日已远，衣带日已缓。
浮云蔽白日，游子不顾反。
思君令人老，岁月忽已晚。
弃捐勿复道，努力加餐饭！

这首诗在“胡马依北风，越鸟巢南枝。相去日已远，衣带日已缓”这四句间进行了换韵。注意，如果我们要换韵，从奇数句的末尾字开始就必须入新韵，也就是从“相去日已远”这一句的末尾字“远”开始切换韵脚，这样读起来才自然顺畅。如果这个字不入韵，“衣带日已缓”这句读起来就会有脱韵的感觉。

再如《生年不满百》这首诗也有换韵的现象，这首诗在“昼短苦夜长，何不秉烛游！为乐当及时，何能待来兹”这四句间进行了换韵，从“为乐当及时”最后一个字“时”开始切入新韵。

当然，在近体诗产生之前，诗歌的格律是非常松散的，我们不能说唐代以前所有的古风都遵循这一规律进行创作，但是这一换韵的方式经过后人的总结提炼，是一种最优的换韵方案。我们今天创作古风，也应当按照这种方法去换韵。

古人写诗为什么需要换韵呢？这里面当然有韵部中的字不够用的原因，但主要是为了配合诗歌抒情的需要。情感发生变化，韵脚也要调整。

人教版高中语文选修教材《中国古代诗歌散文欣赏》中有这样一段话：“韵字开口度越大者，越容易表现昂扬之情；开口度小、音阻大者，则易与凄婉之情吻合。平声韵合于慷慨之意，仄声韵合于悲抑之情。”非常简练地概括了诗歌中音与情的关系，可以作为我们理解这个问题的参考。

下面我为大家分析一首经典的古风，讲解一下古风中韵脚与情感脉络的关系。

燕歌行

高 适

汉家烟尘在东北，汉将辞家破残贼。

男儿本自重横行，天子非常赐颜色。

辞家出师——“贼”“色”属入声“职”部，此处用入声，读音决绝斩截，可见破贼杀敌之决心，亦可见其“轻敌”。

摐金伐鼓下榆关，旌旆逶迤碣石间。

校尉羽书飞瀚海，单于猎火照狼山。

气势浩大——“间”“山”属平声“删”部，此处用平声开口呼，发音舒缓大气，与“摐金伐鼓”“旌旆逶迤”的军阵气势相呼应。此种气度亦是与“轻敌”相照应。

山川萧条极边土，胡骑凭陵杂风雨。

战士军前半死生，美人帐下犹歌舞。

苦乐不均——此处韵脚属上声“麌”部，“麌”部字发音为撮口呼，有哀戚之声，由平转仄，传达出军阵威仪之下隐藏的愁苦心音。

大漠穷秋塞草腓，孤城落日斗兵稀。
身当恩遇常轻敌，力尽关山未解围。

力战而败——此处韵脚属平声“微”部，转为平声韵，乃是写力战而败的战斗场面，虽败而慷慨激昂，虽战死而不恨。亦含另一层意思：所恨者，不在于为国捐躯，而在于思亲和将帅不恤。

铁衣远戍辛勤久，玉箸应啼别离后。
少妇城南欲断肠，征人蓟北空回首。
边庭飘飖那可度，绝域苍茫更何有。
杀气三时作阵云，寒声一夜传刁斗。

思念亲人——此处连用四对仄声韵，极其压抑。思念亲人，乃是士兵心中最大之悲戚。

相看白刃血纷纷，死节从来岂顾勋。
君不见沙场征战苦，至今犹忆李将军。

寄托褒贬——结尾忽而转平声韵，由急促低闷趋于舒缓。既是总结全诗，也是诗人从诗境中跳出，出乎其外，加以评论。又有“君不见”三字，在结构上起提顿作用，音节上忽一顿挫，诗意亦宕开一笔，引人注意。

总结：全诗共用六韵，亦可分为六节，每一节既是音节单元，也是诗意单元，其音节与诗意互相配合，互为表里，构成了此诗“顿跌多姿”（清黄培芳语）的气势。

句子形式

古风的句子形式比较丰富，一般来说五言和七言比较多，也有的是杂言。我们既可以通篇用五言、七言，也可以在其中穿插杂言。句子中还可以加“君不见”这样的领字，作为诗意的转折或强调。总之，古风的句子形式是比较灵活的。

情感主旨

我们来看上面这几首古风，都有哪些主题呢？有思念远人的，有男女相思的，有感慨人生短暂的，有呼吁及时行乐的，有思念家乡的……这些主题有什么特点呢？那就是真挚、简单、质朴。

古人的生活是简单的，爱情、亲情、生死、成败……因此我常常觉得他们的诗更接近生命的本质。他们思考最本质的问题，体会最真切的情感。古风丝毫没有矫揉造作之处，没有弯弯绕绕。诗体如同容器，茶杯装茶，酒杯盛酒，形式与内容要保持统一，拿古风来写一些缠绕的情绪或者是一些造作的思考，显然是不合适的。就好像《行行重行行》，思念亲人已经到了极致，既然会面无期，那么就叮嘱你两句吧！叮嘱什么呢？“努力加餐饭！”再比如《驱车上东门》，人生短暂，怎么办呢？“不如饮美酒，被服纨与素。”喝点好的，穿点好的吧！你看，多实在，多质朴，而那深沉的愁思就在里面。

所以，我总觉得学习古风写作就好像修行，学会面对真实的自己，学会叩问自己的内心。直至悟透生命的本质，洞悉人间大喜大悲的本色，笔下的文字必然会有一种震撼人心的力量。

学生作品选评

请以“池塘生春草”为起句，作一首古风，主旨不限，用韵不限。

请以“日出东南隅”为起句，作一首古风，主旨不限，用韵不限。

池塘生春草

董泽宇

池塘生春草，不记几度春。
总是春雨迟，潮汐入金樽。
太白绿蚁新，女儿佳酿陈。
纵浮生佐酒，常叹吴钩锈。
风雨穿喉过，忽梦曾年旧。
寒风振北漠，日晚彤云秀。
浩浩沙无垠，天阴盘秃鹫。
辚辚车错毂，萧萧行军鼓。

马哀人息叹[1]，征夫无归路。
势析山河眩，寒声回空谷。
刃折弓弦崩，利镞穿尸骨。
孤魂夜徘徊，枯骨何人埋。
日寒春草短，月苦霜色白。
鸟息而山寂，夜长风鸣哀。
贪狼掩破军，明月揽兴衰。
又是新柳绿，寒鸭扰残绪。
红药年年生，杯酒敬飞絮。

教师点评

写近体诗要讲究起承转合，其实古风也一样。“池塘生春草”是起句，这位同学以“不记几度春”来承接，就把话题引向了对往昔的回忆。所谓承接，其实就是说我们要回答“池塘生春草”之后怎么了。因为看到了“池塘生春草”，所以想到了又是一年，这是非常自然的承接。进而展开对边塞生活的回忆，也就顺理成章了。在对一场大战的回忆之后，这首诗的结尾四句又回到现实中，一句“又是新柳绿”照应了开头“池塘生春草”，这样就有了一种年复一年、年年如此的意思，诗歌的结构就更加完整了，也更触动人心了。

① 古风相邻两句末字平仄虽无硬性规定，但应以平仄相对为好。学生作品中的画线字建议调整平仄，下同。

咏池边野花

高葛文蔚

池塘生春草，叶点波纹潋。
波圆何涟涟，悲哀何漫漫。
青茎矮且纤，青叶细且软。
难赛兰花洁，难比桃花艳。
羞与松竹争，生自惧艰险。
一夜春雨滋，戋戋素染枝。
窈窕淑女至，拈花饰青丝。
老妇提篮拾，伴粟入羹匙。
生非凤凰鸟，莫失学鸠职。
浅浅白朵素，亦可添春姿。

教师点评

诗贵在立意高明，不止于肤浅。作诗最怕堆叠意象、玩弄文字，写一些字面花哨又不知所云的东西。在这位同学的笔下，池边的一朵野花虽然姿色平庸，难与松竹桃李争艳，却能够坦然地做一朵无名野花，为窈窕淑女装饰发髻，甚至充作老妇烹饪的点缀，俨然一位不卑不亢、安于其位的谦谦君子。可见作者的胸襟和学识在一个很高的水平上。所以，要作好古风，一定要陶冶胸襟，锤炼思维，开阔视野。

池塘生春草

吴睿晨

池塘生春草，水清浮绿藻。
池岸青葱树，树桠栖鸣鸟。
我本树下眠，梦深不觉晓。
梦回少年时，沉醉不愿搅。
为把时光穿，遥忆数载前。
赤脚捉鱼蟹，逞力伙伴间。
草丛嬉戏毕，单车飙绕园。
岂无惬意处，坐卧假山巅。
不吟风雪月，却享朴质欢。
不识甲乙丙，三人却结缘。
梦醒多烦扰，此去已经年。
池水清如故，难觅旧容颜。
草长并莺啼，难来诉别离。
同窗誓虽远，今谊只更惜。

教师点评

这位同学同样注意到了“起承转合”的问题，从池塘边的“春草”转移到岸边的“青葱树”，而他自己则在树下睡觉，一觉梦到小时候，进而勾连起对幼时玩伴的回忆，而最后梦醒时分，发现“池水清如故”，又回到眼前景物上，结构严谨，流畅自然。

这首诗最为可贵之处在于新颖清新。其旨在追忆童年的玩伴，这在古诗中是很少见的，用古风来表现这种情感，可谓大胆的创新。凡是创新的题材，都有一个与古风形式的兼容性问题。童年是最幸福最快乐的，而幼时的玩伴感情也是最纯粹的，因而其情发乎自然，毫无矫揉造作之处，所以我们看这首古风也很流畅。

我想通过这首诗讲一个道理，就是古风创作乃至整个古体诗创作不是不可以在题材上创新，但是一定要写真情，写心底那些最真切、最自然的东西，这样才可以避免给人做作、生涩的感觉。

日出东南隅

崔之凡

日出东南隅，云重不可观。
东南有佳人，千山复万山。
山远路愈簸，求之不可得。
为此辗转思，踌躇无奈何。
漠漠初长夜，朝朝空悲切。
魂既为卿断，不是久寿人。

教师点评

这是一首代言诗，作者描写了一位相思男子的心理活动，生动形象，入木三分，读来令人心生惆怅。应该说这首诗即使与古人之作相比也是不逊色的，这是因为作者本身有着非常深厚的文字功底。比如“辗转”“踌躇”“初长夜”“空悲切”等词语都直接取材于古诗文，这样在用语层面就和古人拉近了距离。如果我们大量使用现代汉语，诗歌的古意自然是大打折扣的。另外，像“东南有佳人，千山复万山”“求之不可得”“为此辗转思”等句子是典型的古风句式，散文化的程度很高，这也增加了诗歌的古意。

日出东南隅

李语凝

日出东南隅，冉冉照尘关。
何处烽烟起，血色遍千山。
将士埋骨处，塞雁可曾还？
天地皆岑寂，唯有角声叹。
而今干戈锈，繁华饰重峦。
新绿倚残垣，彩蝶傍牡丹。
策马小径中，浓荫如墨染。
还将千古事，浅笑倾杯看。

教师点评

这是一首非常别致的边塞诗。古往今来凡作边塞诗，或以建功立业为立意，或以思乡苦战为立意。而这位同学却别出心裁，写了一位征战归来的将士，多年之后回忆往昔，心生感慨，看破了生死、盛衰、兴亡。最后两句令人想起了杨慎《临江仙》中的“古今多少事，都付笑谈中”。古诗文中笑看千古的多是渔翁、樵夫一类形象，而这首诗却通过征夫形象来传达这一主题，十分新颖。王翰《凉州词》云："醉卧沙场君莫笑，古来征战几人回。"古往今来，从战场回来的人无不是出生入死，经历了枪林弹雨，看惯了生死别离，最终彻悟生命，也是非常自然的，因此这是一个非常合情合理的创新。

日出东南隅

焦婧仪

日出东南隅，对镜自妆成。
荏苒冬春谢，阶前柳复荣。
春冰虽暂解，厌听杂蛙声。
江南无所有，奈何赴鹏程。
自君乘波去，但听晚来风。
断弦无人赏，独坐当垆空。
淇水复汤汤，云雾又茫茫。
明月在云间，迢迢不可望。
日落西南隅，所思在远方。

教师点评

我们很容易判断这是一首好作品，为什么呢？这首诗明显的优点有两处，首先是首尾的呼应。这首诗是写一整天内思妇的心理活动，从"日出东南隅"到"日落西南隅"是一整天的时间，表现了时间的漫长。其次是化用了很多古人的句子和词语，比如“江南无所有”“淇水复汤汤”“所思在远方”都是对古人的句子加以改造，比如“对镜”“妆成”“厌听”“杂蛙声”“当垆”“迢迢”等词也都不是凭空造的，而是有出处的。想必作者一定熟读诗书，固能运用自如。这再次提示我们化用古人语言的重要性。我们首先要转变观念，不要总想着创新，而要先模拟。化用不是剽窃，而是一种很高明的手法。化用，恰恰是积淀深厚者方能为之。其次要多读诗，反复诵读经典作品，把经典的表达化到自己心里，才能运用自如。

此外，这首诗在“淇水复汤汤”处换韵，也是非常恰当的。诗歌到此，恰好是主人公无聊至极，苦闷之际，故而将视线转移到远方。此处情节、视线、情感都有变化，因此在此换韵，十分高明。

日出东南隅

宋可凡

日出东南隅，日落西北处。
岁岁复年年，流光惹人妒。
白头垂老矣，可怜雄图迟。
问君何相告，莫负少年时。

教师点评

这首小诗写得简练而有力。作者以“日落西北处”承接，进而对日复一日、年复一年发出感慨，引出流光易逝的命题。到“白头垂老矣，可怜雄图迟”两句，写出一位老人蹉跎岁月的辛酸，到结尾处用一个问答使诗意一转，引出了一个雄健有力的劝诫“莫负少年时”。经过前文的铺垫，由白发老翁这个过来人亲口讲出这一句，掷地有声，令人震撼。这首诗从立意到手法都是非常经典的古风路线。

写作提示

作五言古风要从容，不要急着切入主题。第一句如同“池塘生春草”和“日出东南隅”，只是写一句景，是一个起兴，起兴不能说得太死，要给下文留下空间和方向。要通过自然承题，引出诗歌所吟咏的话题，这一点在上面的多首诗歌中都有呈现。

古风的表达技巧

古风的语言风格

在《红楼梦》第七十八回中，贾政命贾宝玉就事赋诗，宝玉开篇即道：“恒王好武兼好色。”贾政一看，摇头说道：“粗鄙。”这时，一位清客说：“要这样方古，究竟不粗。且看他底下的。”

我读这一段，觉得曹雪芹真是高人，借宝玉一句诗，清客一句点评，把古风的语言风格说得清清楚楚。前文已说这位“恒王”“最喜女色，且公余好武，因选了许多美女，日习武事”，不正是“好武兼好色”么？这两个“好”，实实在在，把一位落拓不羁的英雄王爷的形象呈现在我们眼前。加之以“兼”字相连，与下句“遂教美女习骑射”衔接得天衣无缝。

古风作得好不好，关联甚多，一言难尽；而古风作得像不像，关键在语言风格。

清代诗评家方东树在《昭昧詹言》中说：“七言古之妙，朴、拙、琐、曲、硬、淡，缺一不可；总归于一字，曰‘老’。”这一番评论虽有些抽象，但也大体概括了古风的语言风格。古风的语言是质朴、平顺、完整的，与古人平常讲话没有大的不同。可以说，古风近似用韵的散文。所以我们回头来看贾宝玉的这句诗，确实是得古风之味的。

很多名家的古风作品语言是非常质朴的。古风的语言不需要太多的文饰，文饰太多就孱弱了，表达没有力量感，古意也就荡然无存。

我们看韩愈的《山石》中几句。

山石（节选）

韩　愈

山石荦确行径微，黄昏到寺蝙蝠飞。
升堂坐阶新雨足，芭蕉叶大支子肥。
僧言古壁佛画好，以火来照所见稀。

像“黄昏到寺蝙蝠飞”“芭蕉叶大支子肥”“僧言古壁佛画好”这样的句子，根本就是说话，毫无文饰。我特别欣赏“飞”“大”“肥”“好”这几个词，都是最质朴的词，不要一点造作，不要一点矫揉，一点多余的东西都没有，真是“瘦硬通神”！恰恰是这种质朴的表达，给我们一种力量感。让我们感觉诗人不是搜肠刮肚、穷尽藻饰的酸腐文人，而是襟怀洒脱、坦荡豪迈的高人逸士！当然，质朴无华不等于笼统空泛，不是说但凡表达赞叹的意思一概以“好”字言之，状物抒情还是要准确、传神、鲜明。还要额外说的是，韩愈的《山石》、李商隐的《韩碑》，都是语言风格非常高古的作品，常常诵读吟咏，对于写作古风益处多多。

选取最典型的事物，用最精练质朴的语言表现出来，就是最好的。我们初作诗，总是喜欢用一些比较文艺、华丽的词，比如“风吹在脸上”喜欢说成“清风拂面”，我看这个“拂”就很造作，而“吹”就比“拂”更有古风味。“南风”“北风”这种说法也比“清风”好，显得干净质朴，要多写“北风吹我”这样的句子，少说“清风拂面”这类话。还有的初学者一写落叶或者飞雪就喜欢用“翩跹”来形容，不过是炒冷饭，见着“高级词汇”拿来就用，既不传神，也不动人，更没个性。

所以，写古风一定要给你的语言“减肥”。

散文句法的使用

我们现在知道古风的表达一定要质朴，要有力量感。那么如何呈现出质朴硬朗的风格呢？这里有一个很实用的技巧，就是在诗中多使用散文句。这一点，韩愈可以说是首倡者。韩愈的长篇古风把散文的语法结构和诗歌的语法结构统一起来，使诗歌呈现出一种“古”气。后人将这种做法称为“以文为诗”。具体来说，有以下几个要点。

（一）上下句语脉连贯

什么叫作“语脉连贯”呢？中国古诗一般情况下两句为一组，在近体诗中，尤其是对仗联，上下句一般是两句话，如“映阶碧草自春色，隔叶黄鹂空好音”。当然，流水对要除外。而所谓“上下句语脉连贯”，就是说要把诗中的上下两句在语法上连贯起来，合成一句话。这是古风的句式特点。

像我们刚才说过的贾宝玉的诗：“恒王好武兼好色，遂教美女习骑射。”虽然是两句诗，却是一句话。两句诗共用一个主语“恒王”，再加上一个“遂”字，就把上下句连接得更加紧密了。韩愈的“僧言古壁佛画好，以火来照所见稀”，首句一个“僧”，连接两个谓语——“言”“以火来照”，把两句化为一句，也是这种思路。

我们再看《生年不满百》中“愚者爱惜费，但为后世嗤。仙人王子乔，难可与等期”这四句诗。前两句共用一个主语“愚者”。后两句中前一句“仙人王子乔”干脆就是后一句的主语。对于这种句式特点，古人或谓之“语脉连贯”，或谓之“意脉连贯”，说法颇为含糊，似乎只可意会，不可言传——这也是一般古代诗论的特点。但是我们用现代的语法知识就能够把这个问题解释清楚。简单来说，就是上下两句诗共用一套主谓宾。

我们知道杜甫有一句诗：“穿花蛱蝶深深见，点水蜻蜓款款飞。”（《曲江二首》其二）上下句各是一句，在语法上连不起来，这就是典型的近体诗语言。当然，我并不是说所有的近体诗对仗联上下句都是分开的，也有做流水对的；也不是说古风中就没有上下句分开作为两句的。我只是说，要想增加诗歌的古意，就应该适当地增加一些“语脉连贯”的句子。

我们来看一位学生的作品：

庭中有奇树

庭中有奇树，暗香出繁阴。

风动绵密叶，瑟瑟佐我琴。

撇开诗中的问题不谈，我们单看他的句式，前两句是一个句子，后两句也是一个句子，读起来就有散文的味道，是一首比较成功的古风作品。

有一位学生曾写出这样的句子：“年年春相似，相思满枝椏。”句子本身是很美的，但是作为一首古风，这两句诗缺乏古意。为什么呢？一个很重要的原因就是两句分开了，缺乏散文感。而且像“枝椏”这种词略显花哨了，太像词的做派了。所以大家讨论之后，把它改作：“相思何所似？郁郁满枝头。”效果就更接近古风了。

（二）适当使用虚词

一般来说，诗歌的语言是跳跃的。从语法上来说，诗句不必是完整的句子。因此，写作近体诗一般要少用虚词。虚词用多了会白白占位置，影响表意的丰富。

但是古风却不是如此。由于古风需要有散文化的句子，因此恰恰需要结构比较完整的句子，那么就必须适当地增加虚词。

我们看《涉江采芙蓉》结尾句："同心而离居，忧伤以终老。"这里面"而"和"以"就是虚词。一个表示转折关系，一个表示修饰关系，这就是散文的用法。虚词看似没有实在意义，但是如果换成实词，就会增加意象，古风的味道就没有了。再比如《迢迢牵牛星》："河汉清且浅，相去复几许。"这里面"且"和"复"都起到了增强散文化的作用。

这里我们还要再看韩愈的《山石》："人生如此自可乐，岂必局束为人鞿。嗟哉吾党二三子，安得至老不更归。"这是《山石》的结尾句，你看"人生如此自可乐"一句，只有"人""生""乐"三个字是实的，剩下的字都是虚的。"岂必""嗟哉""安得""不更"这一连串的虚词用下来，气势十足，诗人心中的那种长吁短叹也都表现出来了。

顺便说一句，这种加虚词的散文句不仅在古风中可以用，在创作近体诗的时候穿插那么一两句，也是别具风味的。比如杜甫的"岱宗夫如何，齐鲁青未了"（《望岳》），好像是散文中的一句问答，一个"夫"字，颇有古拙气。

（三）调整句子节奏

什么是句子节奏？"白日/依山尽，黄河/入海流。"上二下三，这就是句子的节奏。五言诗一般都是上二下三的，当然我们也可以在这个“三”里面再划分，但大的框架是上二下三。而七言诗一般就是二二三。但在古风的创作中，我们不妨在句子节奏上加以变化，突破正格。

比如黄庭坚的诗：“公如/大国楚，吞/五湖三江。”（《子瞻诗句妙一世乃云效庭坚体盖退之戏效孟郊……》）“牛砺角/尚可，牛斗/残我竹。”（《题竹石牧牛》）上一下四或上三下二。又如李商隐的《韩碑》：“帝曰/汝度功第一，汝从事愈/宜为辞。”又如李颀的《听董大弹胡笳声兼语弄寄房给事》：“川/为静其波，鸟/亦罢其鸣。”

关于这种句式的变奏，我们可以将其理解为“以文为诗”，就是把散文式的自由句式运用到诗歌里，使诗歌读起来不那么流畅悠扬，造成一种滞涩，反而给人一种质拙有力的感觉。这种句子偶有一处，能改变诗歌的气脉，增加散文化特征。但是如果全诗都这样写，那就不成篇了。

词和句的重叠使用

我们看《行行重行行》这首诗，上来第一句就是两个“行行”，中间一个虚词“重”做连接，其实实在的意思就一个“行”。但是作者先“行”字叠用，进而“行行”又连用，就造成一种一唱三叹的效果，这也是古风特有的美感。

这是一种“叠词”的手法，即词的重叠使用。如杜甫《乾元中寓居同谷县作歌七首》，前四首首句分别为：

有客有客字子美，白头乱发垂过耳。

长镵长镵白木柄，我生托子以为命。

有弟有弟在远方，三人各瘦何人强。

有妹有妹在钟离，良人早殁诸孤痴。

一般在近体诗中，出于平仄交错的考虑，一个词很少叠用。但是在古风中，却需要适当使用叠词的手法。当叠词是动词或形容词时，中间有时用“复”字连接。比如下面这两个案例：

叹息复叹息，园中有枣行人食。（王建《当窗织》）

农家农家乐复乐，不比市朝争夺恶。（陆游《岳池农家》）

叠词法能起到强调的作用。陆游这首诗叠词法用得尤其得心应手，一句之中不仅“农家”叠用，而且“乐”也叠用，既强化了“农家”之众，似乎是一家又一家，也强化了“乐”的程度深、范围广、时间久。如果只有一个“农家乐”，强调的意思就出不来了。

所以，这种叠用，意义上相当于一个词，起语气强化的作用，古风尤其愿意使用这种手法。

还有一种叠词法比较特殊，即单音词叠用，但在句子中作为不同的语法成分。比如李白的《宣州谢朓楼饯别校书叔云》：“抽刀断水水更流，举杯销愁愁更愁。”比如杨万里的《送王监簿民瞻南归》：“潮头打云云不留，月波泼窗窗欲流。”这种用法能增强句子的流畅感和连贯感，有一种一泻千里的气势。

除了词的重叠，在古风中还可以把句子进行重叠。比如杜甫的《杜鹃行》："苍天变化谁料得？万事反覆何所无？万事反覆何所无？岂忆当殿群臣趋！"以及《冬狩行》："朝廷虽无幽王祸，得不哀痛尘再蒙。呜呼！得不哀痛尘再蒙！"其实就是一种反复咏叹，也是起增强气势的作用。

避免意象堆叠

古风要写得质朴，还有一点是要注意的，那就是尽量减少一句中的意象。我们发现，古风中很少有堆叠意象的句子。句子中的意象太多，画面就会显得花哨。从语法上来说，一句诗的字数是有限的，表现意象的实词太多了，就会挤占虚词的位置，进而就会影响诗句的散文性。

此外，还要注意减少对意象的修饰；即使对意象进行修饰，也要尽量简化。总之，句子要干净简练。

比如《古诗十九首》中的作品："涉江采芙蓉，兰泽多芳草。"上句只有一个"芙蓉"，下句有"兰泽"和"芳草"，但是却没有更多的修饰了，给"多"字省出了空间。"胡马依北风，越鸟巢南枝。"这一句里有"马""风""鸟""枝"，意象算是多的了，但没有重复的，干净利索，而且一点修饰也没有。"胡马""北风""越鸟""南枝"，就是原原本本的名词。而且"依""巢"两个词做谓语，整个句子主谓宾完整，非常散文化。

现代学者施蛰存先生在谈对韩愈诗歌的鉴赏时说："以文为诗……就是不用或少用形象思维，像散文一样直说的句法较多。诗的装饰成分被剥落了，就直接呈现了它的本质。"此言可谓道破诗家真味。

我们有一位学生写了一首诗，其中有这么两句："草枯木叶危，鸟啼燕南飞。"同学们在讨论中总觉得哪里有点问题。经过讨论，改作"木叶何危危，劳劳燕南飞"就好多了。

为什么呢？原诗虽然也是一共四个意象，但是和"胡马依北风，越鸟巢南枝"是不一样的。因为草和木叶其实是同一类东西，燕则是鸟的一种，分别在一句中出现，就有一种堆叠感，一旦堆叠了，诗句就显得力量不足。删掉了每句中的多余意象，就会显得骨气硬朗。

删掉了两个意象后，我们就需要找东西来补足。我们可以给木叶和燕加点修饰，但是这个修饰一定不能花哨，要找简单一点的词来修饰，所以我们选择了"危危"和"劳劳"，采用了叠词法。

你看《诗经》中的"伐木丁丁，鸟鸣嘤嘤"（《小雅・伐木》）、"鹑之奔奔，鹊之彊彊"（《鄘风・鹑之奔奔》）这一类句子，每句中就一个意象，"伐木""鸟鸣""鹑""鹊"，一点修饰性的定语都不加。这些意象怎么了呢？"丁丁""嘤嘤""奔奔""彊彊"，分类只用一个简单的叠词来修饰，却意蕴无穷。如果还需要什么，那就加一个"之"，整体看起来有一种萧疏的美感。

句式的变化

古风的句子不限字数，比较灵活，三字句、五字句、七字句都可以使用，而且可以交错使用。下面简单举一些例子以做简要的说明。

（一）短句

行路难！行路难！多歧路，今安在？长风破浪会有时，直挂云帆济沧海。（李白《行路难》）

车辚辚，马萧萧，行人弓箭各在腰。爷娘妻子走相送，尘埃不见咸阳桥。（杜甫《兵车行》）

三字短句在诗中的作用是多方面的，或描写景象，或叙事，穿插在长句之间，有插叙的作用；但主要是在语气上起提顿作用，使全诗跌宕有致。

有一种特殊的三字句，就是“君不见”。古诗中的“君不见”这三个字本身是没意义的，但是这三个字往往起到提起的作用。比如：

君不见黄河之水天上来，奔流到海不复回。（李白《将进酒》）

君不见沙场征战苦，至今犹忆李将军。（高适《燕歌行》）

“君不见”用于篇首的，多起领起作用；用于篇末的，多有总结的作用；用于篇中，则多在诗意的转换处。古诗中也有加入“呜呼”二字的，与“君不见”作用相近。

（二）长句

清代诗评家沈德潜曾说：

七言古或杂以两言、三言、四言、五六言，皆七言之短句也。或杂以八九言、十余言，皆伸以长句，而故欲振荡其势，回旋其姿也。其间忽疾忽徐，忽翕忽张，忽停潆，忽转掣，乍阴乍阳，屡迁光景，莫不有浩气鼓荡其机，如吹万之不穷，如江河之滔漭而奔放，斯长篇之能事极矣。（《说诗晬语》）

由此我们能看到古风句式的丰富性，从二言到十余言都是有的。长句和短句配合得好，就会使诗歌有“振荡其势，回旋其姿”的效果。尤其是比较长的古风，长短句相配合，使整体节奏更灵活，读起来不乏味。

我们看下面这两个例子：

男儿生不成名身已老，三年饥走荒山道。（杜甫《乾元中寓居同谷县作歌七首》）

君不能入身帝城结子公，又不能击强有如诸葛丰。（黄庭坚《再答元舆》）

我们发现这些句子虽然长，但是基本的节奏仍然是建立在七言的基础上的。比如“男儿/生不成名/身已老”，等于是在“生不成名身已老”这个七字句节奏不被破坏的基础上加了一个节奏，所以读起来仍然很顺畅，和下面的七字句接得也非常自然。

再看“君不能入身帝城结子公，又不能击强有如诸葛丰”，其实就相当于在七字句的基础上加了“君不能”“又不能”，依旧没有破坏七字句的节奏。

所以，长句的使用一定要注意节奏，上下句的节奏也要衔接流畅，不能通篇都是一些不合拍的长句子，那就真是散文不是诗了。

学生作品选评

请以“大树飘零秋雨天”为起句，作一首七言古风。首句可入韵，也可不入韵。

请以“帝都城中桃李花”为起句，作一首七言古风。首句可入韵，也可不入韵。

夜证哥德巴赫猜想有感

张云柯

大树飘零秋雨天，孤灯挑尽未成眠。
雨打屋檐辗转思，魂魄未归赴堂前。
案前字墨皆未干，穿堂风冷刺心尖。
提笔却无灵感生，胸中包含萧瑟情。
忽闻哥德巴赫一猜想，便于无心想处梦魂惊。
偶数无穷如浮云，均可划为两素分？
千古英杰皆失色，仍信铁杵磨成针。
惊雷震颤下笔处，峰回路转得大悟。
数海遨游破竹势，秋雨骤歇泣情愫。
游刃有余立得证，忽复惊醒叹此梦。
叹吾不若英杰处，尚需努力可成栋。
回首望向窗外天，秋雨化雪雪更寒。

若问世上何人可破此万古难，唯有质朴诗人吴雨川！
呜呼，唯有质朴诗人吴雨川！

教师点评

我特别欣赏这首诗，因为这首诗把现代和古代、文学与数学结合得十分完美。哥德巴赫猜想与中国古诗绝无半点关系，但是这位同学却能用古风的意象和语言来表现这一话题，不仅需要开阔的思路，更需要不凡的功力。中国诗歌要往前发展，就一定要解决旧体裁和新题材的兼容性问题。一方面，我们必须让新题材进入古诗中，写现代的生活，反映现代人的精神面貌；另一方面，我们还必须保住古诗的味道。这位同学在诗中两处用了句式变化，一处是："忽闻哥德巴赫一猜想，便于无心想处梦魂惊。"另一处是："若问世上何人可破此万古难，唯有质朴诗人吴雨川！"两句诗都是诗意的变换处，形式与内容配合得非常得体，因而令人不觉得突兀，反而觉得这两处就应该加长，才够气势。

有趣的是诗中提到了他的同学吴雨川。这位同学也是一起参加诗词写作课的，写诗非常质朴，从来不用手法，因此得了一个"质朴诗人"的绰号。然而这位质朴诗人却是一位数学大牛，因此作者在这里引用此事，表达赞叹。我想说的是，诗本来就应该用于在朋友间唱和交流，多写写生活中的事儿，写写自己的生活体悟，哪怕个性化一点，也是好的。我们今天学写诗，不是为了学会写那种冠冕堂皇的诗拿到晚会上去朗诵，而是要让诗走进生活，让写诗成为生活的一部分。

大树飘零秋雨天

沈相宜

大树飘零秋雨天，凄凄腐草渡流萤。
萤飞辗转星复野，不见旧人见空庭。
昔时庭中合红线，线里殷勤依可见。
婉伸郎膝处处怜，未语先得不待言。
共携手，逍遥久，孤愤起，难相苟。
君不见心有芊芊卿不解，卿不解，幽咽难出口。
君不见漏至三更肠已断，肠已断，犹问何事有。
和泪独眠秋雨夜，无有知己为之藉。
不如持剪断心结，各自飞散如秋叶。
君莫徘徊君莫惜，我心磐石无转移。
情丝一斩不思回，拉杂摧烧扬其灰。

教师点评

这是一首情感决绝的诗。这首诗中间处两句“君不见”加得很到位，因为正好是“孤愤起”的情感节点，借一对长句将情感加强；另外“卿不解”和“肠已断”都进行了重复，更加强了情感的抒发。我最为欣赏的是“无有知己为之藉”一句，我们前面讲古风的句法要散文化，这是一句非常棒的散文化诗句。这一句中只有“知己”和“藉”是实词，其余都是虚词，诗句的内容变得精练了，表达也更加具有散文色彩了。另外，这首诗中的“我心磐石无转移”“拉杂摧烧扬其灰”都是从古人的句子中化用出来的，用得很恰当，颇有古意。

大树飘零秋雨天

崔之凡

君不见将军蕃变冠瀛寰，大树飘零秋雨天。
君不见翟公府宅人不绝，谪宦门前可罗雀。
结交再无贫贱者，嗟羹那个不落魄。
我本放荡一狂人，不惯世态凉与薄。
凉与薄，欢情恶，莫如金龟换白堕。
一杯体态轻，两杯云中行。
三五浮生皆如梦，千樽万壶已忘情。
欲截苍穹为掷棋，洒落参商各东西。
我今不乐凡尘事，只愿与天弈一局。

教师点评

正如作者所说“我本放荡一狂人”，这首诗写得非常狂放不羁。尤其是结尾句“只愿与天弈一局”，气概非凡，直欲超拔尘世，与天地独往来。我很佩服作者在小小年纪就能具有如此超脱高远的胸襟。诗在中间处有句式变化，要注意的是，在七言诗中骤然插入五言句非常容易造成诗歌节奏的断裂。而作者用一连串的数量词，从一杯到千樽万壶的数字递增，使得句子紧密连接，气贯长虹，避免了断裂的问题。另外这首诗运用了大量的典故，显示了作者本人深厚的人文积淀。当然，有一些词语还是使用得生硬了些，比如“嗟羹”，似乎是典出“嗟来之食”。然而将其概括为“嗟羹”是否合适？这是我们需要思考的。我觉得首先要查一查古人有没有这样用的，是不是习惯用法；其次要想一想这样概括别人还能不能读得懂；最后要反复诵读，看看这个词是否生硬。“吟安一个字，拈断数茎须。”作诗不易，今人作古诗更加不易。

念忠臣

陶丽澐

大树飘零秋雨天，飞沙狂走雨连毡。
窗前依稀见君影，推门空想万壑山。
易水寒荆轲已去，雨潇潇问君可安？
天深地茂无人闻，唯有风雨泣忠魂。

教师点评

这首诗最精彩的句子是“推门空想万壑山”，由眼前的一点实景推想远方无限宽广的空间，令诗句的境界顿时大开，我们把这看作一种虚实结合。另外作者的韵选得也很好，“万壑山”音节响亮，气势雄浑。我们还要注意到的是“雨潇潇问君可安”这一句，变化了句子节奏。它的停顿是“雨潇潇/问/君可安”，很有新意。偶然为之，有一两句来点缀，确实可以丰富诗歌的气脉，但是用得多了就会影响诗歌整体的节奏。

题郭襄

陈琼琼

大树飘零秋雨天，峨眉寂寂秋桐眠。
独叹心事空自知，望断烟雨复一川。
雾霭沉沉山色青，子衿悠悠天外仙。
襄阳烟火终虚化，华山一别难同船。
天地寻君渺无音，遂隐江湖携倚天。
一夕忽老负韶华，青驴兜转心茫然。
老来不忘相思处，何觅风陵摆渡人？

教师点评

这首诗的选材很新颖，咏了一位武侠人物，很得人物精髓，可见作者平时精通此道。诗中有四句我特别赞赏，一是“天地寻君渺无音，遂隐江湖携倚天”。这个“遂”字用得很好，按照我们之前讲的理论，由于有了这个“遂”字，上下两句从语法上就成了一句，增强了散文化特征。这两句很像贾宝玉的“恒王好武兼好色，遂教美女习骑射”，可见这位同学对古风句法的学习非常到位。另外，这首诗的结尾写得非常好：“何觅风陵摆渡人?”这是一个问句，问句本身就引人思考。而且作者要寻找的是一位“摆渡人”，而“摆渡人”这个形象又令我们想到茫茫无际的江湖，更把我们的思维引向了苍茫广阔的空间，很有韵味。

怀幼时同窗

陈可鉴

廿一日，帝都秋雨，枫叶飘零，颇有感怀，而未能喻之于心。次日飞雪纷纷，一夜枫树尽白。余独坐窗边，目秋叶尚黄，白地茫茫，忽忆幼年玩伴，今已各自天涯。故作此篇，兼怀昔时同窗。

大树飘零秋雨天，帘外落木漫翩跹。
黄叶瑟瑟风未止，孤灯惨惨人不眠。
转眼秋风挟雪至，更忆往昔少年事。
幼时隆冬飘飞白，园中银粟厚盈尺。
孩童不畏天地寒，飞雪相投战正酣。
不惜衣裳雪里卧，巧布沟壕设机关。
手僵足冻浑不顾，日暮才省向家还。
同窗六载情谊深，共许今生不离分。
昔时誓言尚在耳，犹曾期许愿成真。
谁奈一别成参商，从此同袍隔重洋。
飞鸿已随冬风去，飘零天涯各一方。
空剩雪泥归尘土，独余一人自感伤。

教师点评

诗贵在写自己的心声，我特别喜欢看这种生活类的选材。这首诗有一个特定的背景，就是一场秋雨之后又连着风雪，这在序言里有交代，在诗歌中也有呈现，因而作者联想到小时候和小伙伴打雪仗的事情，这个承接很自然。“手僵足冻浑不顾”隐隐有“粉身碎骨浑不怕”的意思在，造句应该是借鉴了于谦的《石灰吟》；“谁奈一别成参商”应该是化用了杜甫的“人生不相见，动如参与商”（《赠卫八处士》），表现分隔之远；最后四句谈到“飞鸿”“雪泥”，则是化用了苏轼的“人生到处知何似，应似飞鸿踏雪泥”（《和子由渑池怀旧》）一诗的表达，写出了一种聚散无常的慨叹。这就是“用古人语”，因而流畅自然，别有趣味。此外，杜甫的《赠卫八处士》和苏轼的《和子由渑池怀旧》都是怀念旧事、旧友的诗作，化用这两首诗中的意象，会令人联想到这些诗的思想情感，在阅读中自然产生思维的延伸与拓展，大大增加了本诗的层次感和丰富性。

帝都城中桃李花

王　澍

帝都城中桃李花，虚度六秋未着眼。
今春小借读《红》风，东门一株始可见。
清晨扑面怒而放，芯自充盈焰自鲜。
附中芳菲还相续，涂香晕色多胜前。

然而吾举此桃冠，自古赞誉属争先。
初识好似静风刮，仿佛人间始有花。
日日访之知渐密，繁枝轻按得新华。
浮掠淡香身外内，芳姿远看路横斜。
花下仰头香却无，天地化作此花独。
文写之，诗吟之，藏之为怕摇落时。
偏是落红难铺径，周一相会叹已迟。
注目忍看都褪尽，光阴欲过，谁顾子满枝？

教师点评

这位同学深谙大而化小之道。他写帝都城中桃李花只写校园门口这一株，不仅因为一株桃花切口小，容易展开描写，而且因为这一株桃花与他生活关系最为密切，最为有感可发。所以，我们应该多写写身边的物象，抒发自己的生活感悟。

帝都城中桃李花

岳会成

帝都城中桃李花，京口水上满云霞。
我正青春应自傲，离经叛道成大家。
烟云乃我砚中墨，杨柳折枝画中画。
丈夫顶天应能武，通律知音晓琵琶。
君不见春色满园景大好，日夜理数催人老。

君不闻燕语莺声歌正欢，朝夕化工已蹒跚。

英雄煮酒饮正酣，我辈岂能逐波澜？自当跨马向东南。

教师点评

这首诗很有意思，一反伤春的格调，发出慷慨振作的声音，尤其是一句“丈夫顶天应能武”特别有古风的粗犷气概。正如作者自己所说，本诗颇有“离经叛道”的意味，似乎要跳出日复一日的书本学习，策马奔腾，像汉唐的大丈夫一样，去追寻更高的人生价值。作者在结尾用了奇数句的办法，在“我辈岂能逐波澜”后又接了一句“自当跨马向东南”，这一句接得特别好。因为“我辈岂能逐波澜”是一个反问句，本不需要作答，而加了一句“自当跨马向东南”，这个句子就变成了设问，有问有答。问而不答的话，这首诗就戛然而止了，似乎心中的情没道尽。有问有答，就把情感倾吐尽了。当然，“自当跨马向东南”之后呢？还是给我们留了无限的想象的。因此这一句不仅增强了抒情，而且将我们的思维引向远方，引发联想。所以我们采用奇数句结尾，最后一句一定要斟酌好，意思要和前两句接上，并且要引导读者继续思考，不能把诗的韵味堵截了。同时注意，最后一句要入韵。

帝都城中桃李花

邹真吾

帝都城中桃李花，陋室阶前日西斜。

久作四九门中客，容膝之所亦为家。
无风常见土三尺，有雨觅得泥一街。
架鸟提笼逍遥子，笑语盈盈几人偕。
胡同雅士常散淡，葫芦冰糖添几串。
忽闻敌骑撼九城，铁马嘶鸣人逃窜。
白象踏破山河梦，战车过处齑粉遍。
炮在当头军威振，士在营中兵在先。
一人死伤何足虑？上将首级值万钱！
胜者成王抚须笑，败者为寇丧颜面。
问一声，服输否？岂惧你，一包烟！
槐下翁叟收残局，厉兵秣马复一盘。

教师点评

作者把“帝都”二字坐实为北京，进而去思考北京城的文化，选择了街头对弈这一题材，可谓别出心裁。而他构思的巧妙更是令人叹为观止，读到“忽闻敌骑撼九城”这一句，本以为是写遭逢战乱，风云激变，进而为战事之惨烈而慨叹。直到最后“问一声，服输否”，才知道作者写的是下棋。这样一来，再看前十句写老北京生活的悠闲自在，真是衔接得天衣无缝。“问一声，服输否？岂惧你，一包烟！”这一处用短句表达非常合适，因为短句精悍利索，表意干脆，就把对弈双方那种叫板的畅快劲儿给表现出来了，好像对话一样，用长句反而显得拖沓没力气。

雁门行

孔令偲

帝都城中桃李花，城外大辽柳影斜。
打狗棒法驱夷狄，降龙之掌震天下。
江湖险恶实难渡，乱石凝泉绝前路。
钟会之谏揭辽身，一声炸雷震天幕。
昔日兄弟弃旧情，恶语如刀剜心腹。
烟直月冷雾茫茫，身世如谜难寻父。
蝉寒霜凝秋瑟瑟，苍凉彷徨孤影折。
聚贤庄下情难收，抽刀痛饮绝交酒。
酒罢摔坛刀影晃，掌至人飞身异首。
仰天大喝震空谷，冰风血泪凝霜土。
揽衣拔剑赴雁门，志决亲刃杀父人。
阿朱相慰情相至，柔语宛若芙蓉露。
芙蓉露，天白露散无觅处。
乌江绝路愁鬓云，夜扮宿敌为救君。
一掌摧得天地崩，山倒树凋泉浆泵。
可怜芙蓉身飘零，香断红损甘为情！
杨虞仙姝飞花雨，孔雀独哀落梅曲。
怀抱伊人泪奔涌，凄风断桥空嘶吼。
侠肠柔骨项公魂，痴心情长巫山云。
马鸣鼓动尘飞扬，辽军远征烟茫茫。

恳请辽帝不伐宋，心如裂帛情难诉。
我自身为契丹人，宋人之情怎忍负。
挥刀为友杀重围，风吹草倒云长威。
勒马回首望雁门，遍地辽人血尚温。
李陵之愧天之命，从此无颜见世人！
遂拾断箭刺左心，血溅国界丧英魂！
峰兮峰兮勿赴死，天本合一无彼此。
铁血男儿如山倒，俊眉鹰眼俱消逝。
呜呼！无奈不可替君挡此箭，只能泪洒青衫祭英雄。
梦里醉饮千日酒，酒罢伤痛化乌有。
起身携妻同放牧，风轻草柔垂星幕。

教师评语

这是一首非常漂亮的长篇，咏的是金庸笔下的乔峰。这又是一位金庸迷，能够用长篇古风的形式将乔峰一生的经历呈现出来，可见作者对乔峰这一角色的喜爱。写长篇一定要注意层次清晰，我们看这首诗把乔峰武功盖世、追寻身世之谜、误杀阿朱、阻止辽军等几件事情一件件娓娓道来，层次清晰。其间不乏“苍凉彷徨孤影折”“一掌摧得天地崩”这样的细节描写，也不乏“烟直月冷雾茫茫”“风吹草倒云长威”这样的环境描写，使得叙述手法丰富多样，避免了流水账式的叙述。我尤其喜欢的是“峰兮峰兮勿赴死，天本合一无彼此”这两句。“峰兮峰兮”这一组叠词用得极好，增强了惋惜之情。而“天本合一无彼此”这一句不仅流畅自然，而且极有思想高度，一举将诗歌的格调提升了一个档次，这就不是仅仅表达对乔峰的仰慕和惋惜了，而是有一种对民族纷争的认识在里面。最后以梦境结尾，使诗歌的气韵沉静下来，由动归静，使人陷入沉思与感叹。

写作提示

七言古风与五言古风由于每句字数的不同，连带其审美风格也是不同的。要而言之，五言古风以克制、质直为特色，而七言古风以舒畅、流丽为特色。五言古风要一步一顿，而七言古风要酣畅淋漓，这是我们需要用心体会的。我们不妨把李白的长篇歌行如《将进酒》《蜀道难》与他的《古风》组诗拿出来对比，或许能得到直观的感受。

古风的谋篇布局

谋篇布局是一个很灵活的问题。尤其是古风篇幅一般较长，更要在布局上花心思，以免呆板枯燥。如同教写作，不教谋篇是不行的，教得死板也不行。所以，这里并不想讲什么谋篇布局的定法，只讲讲一般的原则。至于创作时能否依题发挥、变化万端，还要看作者的灵性与彼时的灵感。“天时、地利、人和”，缺一不可。

谋篇之“变”

所谓谋篇之“变”，就是说一首诗的布局应讲究内容的变化、层次的推进，使之不致单调。譬如一事，有前因、发展、后果，这就是三层；又如一物，有正面、侧面，这就是两层，若还有里面，则是三层，假使有所寄托，则又有一层；再如言情，比兴或景物渲染是一层，叙述始末是一层，直接言情又是一层。至于怀古咏史、田园山水，依据题材特征，又有其设计。总之，要开动脑筋，拓展思路。所咏之事物，即使微不足道，也要变换角度，写出多层意境来。

下面我们来看李白的一首《望庐山瀑布水》。李白的《望庐山瀑布水》共有两首，一首是七言绝句，一首是五言古风，有的版本也作《望庐山瀑布》。七言绝句那一首，就是有名的“飞流直下三千尺，疑是银河落九天”。而另一首五古，我们相对陌生一些。

望庐山瀑布水（其一）

李　白

西登香炉峰，南见瀑布水。
挂流三百丈，喷壑数十里。
欻如飞电来，隐若白虹起。
初惊河汉落，半洒云天里。
仰观势转雄，壮哉造化功。
海风吹不断，江月照还空。

空中乱潨射，左右洗青壁。
飞珠散轻霞，流沫沸穹石。
而我乐名山，对之心益闲。
无论漱琼液，还得洗尘颜。
且谐宿所好，永愿辞人间。

此诗写庐山瀑布，开篇所谓“西登”“南见”，乃是远观，到“仰观势转雄”遂转变为近看，这就是一个层次的变化。到“而我乐名山”一句，一个“而”字，领出议论抒情来，又是一层。所以，大体上清清楚楚有三层，每层各有侧重。若论层内，譬如第一层，一二句是概述，三四句是正面的描写，五六句、七八句皆是比喻，或者说想象。但在句式上又有不同，五六句是对仗的两句，七八句是语脉连贯的一句，使读者不致有冗长乏味的感觉。第二层近处仰观，思路又有不同。上来“壮哉”一句，先是议论。接着“海风”“江月”句用衬托，最后“空中”至“流沫”句才是正面的描写。总之，全诗摇曳生姿，富有变化。

上面这首是长篇。再看李白的短篇。李白有《古风》组诗，是其五古代表作。我们来看北京高考考过的一首《古风（其十）》。

古风（其十）

李　白

齐有倜傥生，鲁连特高妙。
明月出海底，一朝开光曜。

却秦振英声，后世仰末照。
意轻千金赠，顾向平原笑。
吾亦澹荡人，拂衣可同调。

这一篇《古风》虽然短，内容却颇为丰富，毫不单调。此篇是咏史诗，借鲁仲连抒怀，实际写自己的抱负。开篇先直言鲁仲连“倜傥”“高妙”，接下来却不着急写他的事迹，而是用了一个比兴，为鲁仲连登场造势。直到五六七八四句，才正面写鲁仲连。五六句写其建立不世之功，七八句写他不慕名利，功成身退，各有侧重，干干净净。最后两句通过一个“亦”字，转到自己身上来，表达对鲁仲连的仰慕，以及自己的远大抱负。而“澹荡”一词又和开篇的“倜傥”形成呼应。其篇虽小，却布局严谨，开合有度。

李白又有一首《关山月》，是乐府诗、边塞诗中的名作。其布局法又有特点。

关山月

李　白

明月出天山，苍茫云海间。
长风几万里，吹度玉门关。
汉下白登道，胡窥青海湾。
由来征战地，不见有人还。
戍客望边色，思归多苦颜。
高楼当此夜，叹息未应闲。

这一篇，开篇四句先写边塞风光，渲染氛围。接下来四句写边塞的战事，虽不见战场拼杀，却令人倍感凄凉。最后，“戍客”四句点出战士思归的主旨。这里用了一个“对写”的手法：“戍客”句写战士在边关思念家乡，“高楼”句则写女子在家中叹息，思念远人。两者互相映衬，凸显主题。

所以，无论是长篇还是短篇，在布局上都不可一平到底，没有变化。尤其是长篇古风，要饱满充实、摇曳生姿方好。至于变化之法，又有赖于作者的匠心，不能一概而论。总之，我们还需在长期的创作实践中不断摸索总结。

谋篇之“不变”

讲完了谋篇之“变”，再来说“不变”。中国哲学喜欢讲辩证法，作诗也一样，变之中一定有不变，不变之中一定有变。如果说“变”是强调思维要发散出去，那么“不变”则强调逻辑要收拢回来。无论诗歌的层次有多么丰富，终归是要围绕某个中心、依据一定的逻辑来展开，不能是无序的堆叠。我们常说，写作文要有一个线索，写诗也是一样的。

我们来看两首赠答之作。

春夜竹亭赠钱少府归蓝田

王 维

夜静群动息，时闻隔林犬。

却忆山中时，人家涧西远。

羡君明发去，采蕨轻轩冕。

酬王维春夜竹亭赠别

钱　起

山月随客来，主人兴不浅。
今宵竹林下，谁觉花源远。
惆怅曙莺啼，孤云还绝巘。

钱起即将离开长安，回蓝田过隐居的悠闲日子了。好友王维设宴赠别，于是就有了这一赠一答两首古风。在近体诗部分，我们已经讲过了酬唱应答的一些规则，这里就不再赘述了，单说谋篇布局。

王维这一首，从春夜山林的宁静说起，进而由此“宁静”回忆起自己隐居的生活。王维曾在蓝田过半官半隐的生活，所以钱起归蓝田，自然勾起王维对自己曾经的蓝田生活的回忆。再由自己的隐居，过渡到友人的归隐，表达羡慕之情。全诗的侧重点放在了归隐上，其实就是扣住了题目“归蓝田”来设计的层次。

王维写完了，钱起要酬答，要写出与王维不同的意思来才好。钱起选择扣住“赠别”来写。所以，开篇写主人设宴的兴致，继而写今宵欢聚的快乐，结尾一转，写此日离别的惆怅，以及与友人分别的孤单。

所以，王维送别钱起，主要写如何羡慕他；钱起辞别王维，主要写如何与他不舍。立意各不相同，可以说各得其宜。王维诗，扣住“归蓝田”而设计；钱起诗，扣住“赠别”来构思。作诗先立一核心，仿佛画圆有了圆心，半径抻得再长，终归还是圆融一体。

这里又带出一个问题，就是诗歌题目与正文的关系。所谓“文莫贵于尊题”，写诗还是要扣题的。我们自然是见过诸如“无题”“七绝”“古风”之类的题目，但很多好的作品，题目和正文的关联非常紧密。明白了这一点，从阅读的角度来说，自题目中往往可见此诗的中心；而从创作的角度来说，又可见作者时时切题，充分落实题意。

此处仅举一例，简要说明。

月夜与客饮杏花下

苏　轼

杏花飞帘散余春，明月入户寻幽人。
褰衣步月踏花影，炯如流水涵青蘋。
花间置酒清香发，争挽长条落香雪。
山城酒薄不堪饮，劝君且吸杯中月。
洞箫声断月明中，惟忧月落酒杯空。
明朝卷地春风恶，但见绿叶栖残红。

此诗是纪事诗，记一次月夜的宴饮。从题目看，涉及月、客、杏花、饮酒四个要点。本诗每四句是一层。第一层写明月入户，引得诗人与友人夜中赏景。开篇四句，先点花，再点明月，后两句点人物。第二层写趁月花下饮酒，人摇落杏花，月映照美酒，充分呈现四者的互动关系，也是这场宴饮的高潮部分。第三层写宴饮将尽，感慨美好时光的短暂，月落、酒空、花谢、人散，全诗结束。可以说，步步点题，扣紧了题目来作。要点虽多，关系虽繁复，却丝毫不乱。这一点，中学课本里的《春江花月夜》也有很好的呈现。

所以，作诗之一法，不妨先把题目拟出来，再扣紧了题目来谋篇布局。如此，诗作终不至于散漫。

学生作品选评

一位画家以梅、竹、石、雪为主要元素创作了一幅画（见下图），请你为这幅画题写一首诗或一段抒情文字。要求：感情真挚，富有文采，不超过150字。（2020届海淀期末考题）

负雪辞

赵仁杰

西风林泉一夜雪，青红皂白分明看。
雪满石如高士卧，白衣卿相立岩间。
孤青怒作银枪出，酽红浓化暗香翻。
红妆翠袖裁琼玉，高节傲骨向云天。
德必有邻为同调，满堂清气彻尘纤。
恭疏画外赋君子，身心长与此画兼。

教师点评

题目要求学生写题画诗，或者是抒情文字。当然，我们这里主要讲诗。此题难度有三，一是描摹梅、竹、石、雪各自的物象，二是构建四者之间的关系，三是有所寄托，写出画外之意。上面给大家展示的这首诗，就来自考场。

此诗开篇，先整体描摹，“青红皂白”四字，恰是四物的颜色，夺胎换骨，极为巧妙。接下来两句交代四者之间的位置关系。再接下来“孤青”“酽红”等四句分写竹子、梅花的姿态，这是画面的核心，理应重点突出。此诗我最为赞赏的是“德必有邻为同调”一句。前面分头写，到这里因为这么一句，就全收束起来了。不仅显出谋篇的巧妙来，立意也出来了。最后收到“君子”上，表明自己的志向，自然而然，顺理成章。应该说，在考场上能写出这样的作品，必是诗家老手无疑。

冬月登楼远眺遣怀赠学衡诸诗友

韩庚达

苍岑一何远，长安一何愁。
大道车错毂，冬日五云楼。
独登为底事，徒劳翻此忧。
西梦瑶池饮，东问蓬莱洲。
俯对诸山小，仰摘七星稠。
以此能极目，时看日夜浮。
欲御虚空去，惜哉少旧游。
旧游四海隔，高标几人俦。
烈风纵有力，天行不能休。
吾曹逢明世，各为来日筹。
鲸鱼碧海里，凤凰梧枝头。
黄鹄振双翼，岂安稻粱谋。

教师点评

虽然是日常的即兴之作，但是扣题的意识还不错。其题目的关键词，一是“登楼远眺”，二是“遣怀”，三是“赠诗友”。开篇先写景，正是登楼远眺所见，继而由实入虚，畅想瑶池蓬莱，展开想象。到“惜哉”句一转，牵出旧友来，即题目中所谓“学衡诸诗友”。“烈风”句比兴，有“天行健，君子以自强不息”的寓意。这一句，不仅转换了诗篇的脉络，而且也是语气上之一顿，舒缓了节奏。接下来以议论言志，这是对诗友的寄语，也是自我

“遣怀”。值得一提的是，末句“岂安稻粱谋”，颇见作者志向不俗。“鲸鱼碧海”一句，化用杜甫《戏为六绝句》中的“未掣鲸鱼碧海中”。此句本是诗论，说诗歌的雄浑风格。作者用在这里，将其意思一变，象征少年人志向远大，欲有所作为，恰切又有新意。而且以诗论赠诗友，岂不有趣！

谈诗歌的格调

关于诗歌创作的理论，自古以来不胜枚举。我们可以对有名的理论做一梳理，以概论的形式加以学习，但我觉得那对做理论研究很有意义，对我们进行诗歌创作却意义不大。对我们而言，深入研究一家，以之指导我们的诗歌创作，可能更有意义。至于博览中国古代诗歌创作理论的大花园，大家可以在日后继续学习。因此，在这一节，我将跟大家深入全面地谈一谈黄庭坚的诗歌创作理论。

黄庭坚（1045—1105），北宋时期人，字鲁直，号山谷，又号涪翁，洪州分宁（今江西修水）人。他的诗极富文人气和书卷气，个性鲜明，语句奇崛，时人称之为“山谷体”。晚年其诗歌成就尤高，达到了“平淡而山高水深”的境界。在创作之外，黄庭坚还喜欢论诗，研究诗歌创作的道与法。他的诗作和诗歌创作理念在宋代得到了一批文人的追捧，形成了蔚为壮观的“江西诗派”，在我国诗歌发展史中影响深远。

兴象与义理

中国古代诗歌经过上千年的发展酝酿，至唐代而成一高峰，诗作数量之多，表现形式之丰，取材范围之宽，皆超迈前代，蔚为大观，不意竟给后来的宋人造成诗源枯竭的困境。天地运转，世道轮回，宋人所见之山川风物，所经历的世事沧桑，与唐代相比并未有巨大的变化，故而对宋人而言，唐人几乎已经将种种自然物象、人间冷暖写尽。这就使得有宋一代的文人，必须为诗歌创作找到一个新的方向。

宋人非常清楚自己的这个处境，他们常常在专门的诗论或随手的信札中表现出对宋诗发展路径的思考。比如苏辙曾批评李白的诗歌“华而不实，好事喜名，不知义理之所在”（《诗病五事》），认为李白的诗歌虽用语高华大气，但缺乏深刻的、值得玩味的义理；而严羽则在《沧浪诗话》中说“本朝人尚理而病于意兴”，批评宋诗议论过多，缺乏物象描摹与直觉的传达，乃至苦涩。抛开他们对唐宋诗歌的高下评判，我们看到他们都敏锐地意识到了宋诗与唐诗的不同路向，即唐诗侧重对物象的描摹，而宋诗重视对义理的挖掘。

从中国古代诗歌创作的经验来看，诗歌的意境构成不外乎兴象与义理这两个方面。所谓“兴象”，即在诗歌写作中，通过对物象的描摹，传达最直接的感受，折射最真切的情志；所谓“义理”，即注重运用理性与学养，借由一事一物寄托自己的趣味与哲思。一者追求真切动人，一者追求深邃有味。

在自然景观和社会生活环境大致相同的情况下，宋人要在兴象上超越唐人是很困难的，但是在义理思考方面，宋人因其多方面的知识储备和文化素养，于唐人更有优势。因而，苏轼、黄庭坚等最具代表性的宋诗大家，并不在描摹兴象上与唐人一较高下——尽管他们的才学并不下于李杜高岑等唐代前辈。他们凭借自己的哲思与学养，在义理的方向上别开一路。所以，唐诗重情，宋诗重意，唐诗重写境，宋诗重写心。

我们现在的中学教科书，有重唐轻宋的倾向。这一方面受时代风尚的影响，另一方面是考虑到中学生人生体验和学养的有限。钱钟书先生曾说："一生之中，少年才气发扬，遂为唐体，晚节思虑深沉，乃染宋调。"唐人如少年人，血气方刚，情感迸发；宋人如中年人，情思内敛，胸怀淡泊。少年读宋诗，常常感觉字句古奥，表意曲折，不如唐人的诗歌表达流畅自然，气势潇洒痛快。然而我们在经过大量的经典阅读，并经历世事沧桑之后，反而会更欣赏宋诗中的深味。

思想往往起始于对自然物象的感触；而深思本身又可以触发更深的思考，从而使人类的思想本身成为一个独立的世界。自然物象有限，而人类的思想无限。日月山川，亘古恒常；人类的思想世界却可以层层扩展，不断演进，永远没有穷尽的时候。兴象与义理，这两种并举对等的创作路向，虽然在审美趣味上是不分高下的，但是后者所通向的世界之广却远超乎前者。所以，就我们学习诗歌创作而言，学唐诗固然有熟悉典范、夯实基础的意义，但是要想开创天地，变化乾坤，就不能忽视宋人为我们开拓的广阔的天地。

“无一字无来处”与“经史入诗”

作古体诗词，最难的是什么？初学者一般认为是格律。其实，诗词格律固然有种种复杂的规定，但终究是有法可学。依我看，作古体诗词最难的还是“用语”。能否将“古体诗”写得像“古体诗”，关键在于用语是否符合古人的表达习惯，是否有古意。

一种艺术，必然有其相对稳定的审美特征。比如京剧，没有其脸谱，没有其服装，没有其唱腔，观众就看不出是什么东西，唱出来的就不是京剧。诗词同理。以诗的习惯用语去写诗，才有诗的味道。所以，作古体诗词要符合古体诗词的表达习惯，要用古人的语言。当然，古往今来，有的诗家别有匠心，在一首诗中，偶出一两个当代词汇，或者是一句口语，未尝不可，或有俏皮生新的趣味，这又另当别论。

看似用古人语作诗难，其实自造语作诗更难。黄庭坚对这个问题看得非常清楚，他说：

> 自作语最难，老杜作诗，退之作文，无一字无来处，盖后人读书少，故谓韩、杜自作此语耳。古之能为文章者，真能陶冶万物，虽取古人之陈言，入于翰墨，如灵丹一粒，点铁成金也。（《答洪驹父书》）

黄庭坚说，诗歌创作中“自作语最难”，因此要向古人学习，甚至要“无一字无来处”，即每一处用语都要有出处。在诗歌创作中，自己生造语言最难，因为我们很难臆造出符合诗歌表达习惯的用语。自己造语作诗，往往沉思苦吟一番，但写出来的东西要么气脉不畅，要么流入俚俗。白话文入诗，或冗长啰唆，表意肤浅；或缺乏诗味，味同嚼蜡。“无一字无来处”并非泥古，而是为解决自造语难开出的药方，要我们在作诗用语上多向古代作品取经。

我们强调作诗用语要有“来处”，这个“来处”并不局限于古代诗歌，甚至不局限于古代文学，而是整个中国古代的典籍资源。向所有优秀的典籍取法，用语才能典雅而丰富。中唐以来，诗歌用语雷同的问题日益严重。韩愈、孟郊等人力戒陈言、自铸伟词，影响至北宋初期诸家。但是自创语多而继承者少，影响了诗歌的语言质量。所以王安石、苏轼诸家，又逐渐开始汲取古人的成语，提高了诗歌语言的艺术水平。黄庭坚讲“词意高胜，要从学问中来”（《论作诗文》），出入经史，在古代的各类作品中开拓资源，不局限于诗歌和文学类作品，为诗歌用语问题找到了一个好的解决办法。

黄庭坚说：“闲居当熟读《左传》《国语》《楚词》《庄周》《韩非》。欲下笔，略体古人致意曲折处，久之乃能自铸伟词，虽屈、宋亦不能超此步骤也。”（《书枯木道士赋后》）欲学作诗者，闲暇时当熟读经史，在其中涵泳玩味，久而久之，便能了然于古人用语，将其化为己用，翻出新意。

在众多的典籍资源中，黄庭坚特别强调向儒家经典和史籍取材，化用经史之语，以增加诗歌的气骨。纯粹的文学毕竟是感兴之余，歌咏情怀，书写性灵，缺乏厚重感和思维深度。向诗学诗，极容易流于虚空和孱弱，出不了有力量有深度的作品。陆游就曾经说过，作诗的功夫在于诗外。我们今天由于时代的风尚，喜欢把这个“诗外”理解为生活实践，可是，生活实践固然能够丰富人的经验，却解决不了用语的问题。

宋代的王直方曾经不理解经史入诗的意义，后来他读到孟浩然的几句诗便豁然开朗：

> 山谷尝谓余云：“作诗使《史》《汉》间全语，为有气骨。”后因读浩然诗，见“以吾一日长”、“异方之乐令人悲”及“吾亦从此逝”，方悟山谷之言。(《王直方诗话》)

孟浩然在《送洗然弟进士举》中有句云：“以吾一日长，念尔聚星稀。”“以吾一日长”出自《论语》，是孔子和众弟子谈话的用语：“以吾一日长乎尔，毋吾以也。”“异方之乐，只令人悲”出自《文选》，来自李陵的《答苏武书》，孟浩然《凉州词》云：“异方之乐令人悲，羌笛胡笳不用吹。”“吾亦从此逝”则语出《史记》，为刘邦语。三句诗皆取自古人成语，避免了造语之难，又有古意，使熟悉古代经史的读者，读到这几句诗，立刻便有共鸣，并联想到广阔的经典世界。又如我们熟悉的《山石》，其结尾句“嗟哉吾党二三子，安得至老不更归”化用了《论语·公冶长》“吾党之小子狂简”与《论语·述而》“二三子以我为隐乎！”两句，也是经史入诗的例子。

需要说明的是，黄庭坚所说的“词意高胜，要从学问中来”，并不是说写诗的时候要掉书袋，把书中的典故都搬进去，而是强调平时要多读书，作诗用语便自然有古意，并且眼界会自然开阔，立意也随之高远。而且，我们虽然要去学习古人的用语之法，却不能刻板地照搬。诗歌的用语，只能说存在一些相对稳定的习惯，但并不存在一套严格的、绝对的用语法。任何要将诗歌用语固定、抽象的做法，都只会导致其板滞与死亡。所以后来学黄庭坚的宋代学者吕本中说：

> 学诗当识活法。所谓活法者，规矩备具，而能出于规矩之外，变化不测，而亦不背于规矩也。(《夏均父集序》)

吕本中强调：作诗用语，既要在整体上符合古语的表达习惯，有所规矩，又要活学活用，有所新变。其实，这已经将黄庭坚所讲的陶冶于经史、运用自如的浑然境界表述为一种简单的辩证法则了。然而黄庭坚不落言筌，道不可道，我们也只好借助吕本中这段话细细琢磨了。

以学问为诗

诗有表里：字法、句法、章法俱是其表，而立意是其里。徒有外表的匠心巧思，内里低俗空洞，终究是下品。所以，字句章法是诗歌的皮相，立意是诗歌的精神气骨，立意高远，诗作才有气血。

诗歌立意要脱俗不凡，要有远大超拔的境界，跳出柴米油盐、蝇营狗苟的琐碎，甚至要超越梅傲荷高的旧俗，别开生面。而此种远大的境界，来自诗家高雅的趣味、磊落的襟怀和崇高的境界，来自诗家对世间万物、人间百态的关怀，来自诗家的不平之气。

诗为心音，心远则诗高，心俗则诗恶。黄庭坚曾经说：“士生于世，可以百为，唯不可俗，俗便不可医也。”（《书嵇叔夜诗与侄榎》）心性恶俗，万万写不出好诗。所以，锤炼典故，雕琢字句，均为末节；修身养性，陶冶襟怀，方为诗家的根本法门。

黄庭坚说：“词意高胜，要从学问中来。”修养心灵的根本在于“学问”，“精读千卷书”（《书旧诗与洪龟父跋其后》），诗才作得好。所谓“别来十年学不厌，读破万卷诗愈美”（《送任伋通判黄州兼寄其兄孜》）、“观千剑而后识器”（《文心雕龙·知音》），读书多既能培养敏锐的审美感觉，开阔思路，又能不断接近古人的高度，辨析高下雅俗，涵养心灵，提升境界。

黄庭坚所说的学问，必须由书本知识落实到身心修养上。黄庭坚说：“晚出之儒玩礼义之名而陋于知人心，失学问之意。”（《宛丘怀居士墓表》）又说：“治经之法，不独玩其文章，谈说义理而已，一言一句，皆以养心治性。”（《书赠韩琼秀才》）批评俗儒只把学问一事止于求知，腹中诗书千万，俱是记诵，没有一言一语切实关乎内心。读书，终是要以之砥砺品性。诗文虽是小道，却需要酝酿于书卷，濡染于师友，落实于人格的修养。

因此，黄庭坚讲“以学问为诗”，正是指出读书治学是诗歌创作的源头活水。

然而我们今天有一种调子，总是片面地强调作文作诗要从书本学问的束缚中跳脱出来，要从生活实践中取材，从所谓的本心真性去立意，结果往往语俗意恶，作出一种寡淡无味的文字。殊不知，不读书便不能培养观察生活的眼睛，不读书亦不能造就优雅高尚的心灵。古往今来，一花一草的趣味，一觞一咏的幽情，常人日用而不知，都待读书人来发觉。

此外，“平淡”虽是诗歌至境，然而此淡乃是绚丽精彩之后归复于平淡，老成有味。尤其是宋人，极尚淡。立意平淡玄远，如陶渊明诗，自是高品。黄庭坚说，“平淡”应是由“功夫已多，读书贯穿”（《与洪驹父》）而来。平淡质朴，乃是读书广博之后的水到渠成，不可片面追求。

苏轼曾对其后辈说：“汝只见爷伯而今平淡，一向只学此样。何不取旧日应举时文字看，高下抑扬，如龙蛇捉不住，当且学此。”（《与二郎侄》）劝后学不要一味学其晚年淡泊的作品，要多作有味文章，可谓一语道破学诗真谛。

学生作品选评

请以“一上高城万里愁”为起句，创作一首杂言古风，韵律不限，主题不限。

一上高城万里愁

崔之凡

一上高城万里愁，愁我不似大江流。

恨不能劈山掘地五丁力，腾云化雨竟自由。

愁我不似大鹏鸟，振翅疾飞冲云霄。

恨不能直上青天拦明月，鸿鹄壮志藐鸦雀。
愁我不似九秋蓬，东西南北凭时风。
恨不能身轻态捷无束缚，随风脱尘入碧空。
愁我文采章华意枯涸，不似竟陵诗人张云柯。
呜呼！不似诗人张云柯！

教师点评

本题限定以“愁”为基调，而此诗却慷慨激昂，但又紧扣“愁”字。与其说作者写的是“愁”，不如说写的是一种渴望，一种对突破现实局限的渴望。我们从这首诗中可以看到，作者对自由有着热烈的渴望，心中有着非凡的抱负。“一上高城万里愁”规定了这首诗的题材——登高。登高诗往往要写景，由景物而牵引情思。而这首诗严格来说是没有写景的，作者是写心。登上高楼，看的是心中的景。这就是我所说的“义理”的创作思路，不重视眼前景，而重视心中景。

从诗歌的结尾可见这是一首友人之间的酬唱之作，颇有打趣的味道。

一上高城万里愁

吴雨川

一上高城万里愁，巴渝蜀江渡夔州。
君不见夔门瞿塘雄散去，两岸猿声啼已休。

君不见托孤堂前门罗雀，八阵湮没水自流。

青莲沉醉卧龙谥，千里江陵一轻舟。

魂魄未归故园中，天梯沽酒白头翁。

一盅卮酒安足辞，白帝断愁愁复空。

将进酒，杯莫停。今朝醉，君莫醒。

人生得意无二三，更待何时须尽欢？

试问此城谁能与吾共此盅？

凭栏望，唯有披裟袒胸一唐僧。

教师点评

这首诗化用李白诗意处颇多，但是剪切化用得很自然，能熔于一炉，自成一格。我特别欣赏的是其中三句：“一盅卮酒安足辞”。“人生得意无二三，更待何时须尽欢？”第一句显然是化用了《史记·项羽本纪》中的句子：“臣死且不避，卮酒安足辞！”语出樊哙。这个化用有什么不同呢？一般我们常见的化用是化用诗文，但是这句诗却化用了史书。我们讲过“经史入诗”，中国的古代文献分为经、史、子、集四部，如果我们总是在集部里面打转转，诗歌的意境就无法拓宽，就永远是吟风弄月。写诗一定要向“上”借资源，这个“上”就是经书、史书、子书，如此，诗歌的格调才高，才够厚重。另外，“人生得意无二三，更待何时须尽欢？”这两句是把李白的“人生得意须尽欢”拆分为二，并且化用了方岳的“不如意事常八九，可与语人无二三”（《别子才司令》）。两首化为一首，看似这一首，又似那一首，意在言外而绵绵不尽，牵动读者的思维，令人回味无穷。

题李后主

陈琼琼

一上高城万里愁，愁胜子胥夜白头。
忆昔花蕊知城破，中途仓皇半阕留。
残句那堪亡国恨，断章怎承春水愁。
春水愁，半阕留，城将破，夜白头。
惯弄一支风月笔，安能使得擎天力？
宫中败作战后虏，纸间徒为词中帝。
风月不解人世深，犹怜花影压重门。
反掌乾坤易新主，樽中日月换浮沉。
酒醒城高无人会，梦惊魂断近黄昏。
应是浮梦弃我去，何处寻得旧神州？
只闻新封违命侯。

教师点评

这首诗的作者非常懂得扣题。“愁胜子胥夜白头”是对前句的承接，紧扣一个“愁”字。进而由眼前的城想起昔日的“城破”，这样又扣住了“城”。进而又写李煜在城上饮酒忆旧，在结尾处一句“酒醒城高无人会”，再次扣住“一上高城万里愁”这个主题。全诗紧凑、自然、顺畅。

作者十分熟悉李煜的作品，化用李煜词意自然无痕。比如“断章怎承春水愁”显然是从“问君能有几多愁？恰似一江春水向东流”（《虞美人》）化来。“应是浮梦弃我去，何处寻得旧神州”与“梦里不知身是客，一晌贪欢。独自莫凭栏，无限江山”（《浪淘沙》）有着内在的呼应。作者的化用已经不再是字面上的，而是深入到了意蕴的层面，取其意而变其词，这就是黄庭坚所说的“夺胎换骨”。

“夺胎换骨”是黄庭坚著名的诗歌创作理论，关于其含义，历代争议颇多。宋代的僧人惠洪说：“不易其意而造其语，谓之换骨法；窥入其意而形容之，谓之夺胎法。”（《冷斋夜话》）惠洪理解的“换骨”，指取古人诗意，但变化其表达形式，令语句工妙甚于原作。“夺胎”与“换骨”相反，不变其语而变其意，在采用前人成辞时，专用心于取前人诗语中所含之意，然后加以生发，使诗意新于原作。其实，“夺胎换骨”是一种用典技巧。“夺胎换骨”的本质，便是将古人的东西化为已用，如同己出。

我特别欣赏本诗的结尾句。从诗意来说，到“何处寻得旧神州”一句已经完备了，结果作者又孤零零地加了一句“只闻新封违命侯”。似乎人物的思绪为眼前的现实所打断，把李煜的那种孤独、无奈更加淋漓尽致地表现出来了。句子是孤零零的，人物也是孤零零的，情感更是孤零零的，形式和内容高度统一。

写作提示

尽管是杂言诗，但仍然要注意句式变化的节奏，不能忽长忽短，任性而为。奇数句也不可滥用。总之，句式的变化是为抒情服务的。如果把换韵、句式变化、奇数句等技法与情感脉络巧妙配合，诗歌就能呈现声情并茂的姿态。

附：古风修改案例一则

学生作品：

桥

李龙禹

白玉为身身下空，前刻凤凰后雕龙。
无奈只从足下过，游人举首望花红。
芳菲只是过客，怎堪阵阵冷冷急秋风。
落花片片随波去，桥影独留碧水中。

教师改稿：

桥

卧波白玉弓，凤凰绕雕龙。
游人不知处，跂而望花红。
片片过客耳，岁寒不堪风。
此桥长默默，独立滔滔中。

李龙禹同学的这首诗以义理见长：红花虽美，却难以长存，终是随波逐流，此桥虽默默无闻，却能长立于此，二者对比，传达出一种微妙的趣味，令人沉思。故而如改作古风，最好改为五言体。因为七言体好处在于抒情畅快，常用铺排法，最适合一吐胸中块垒，往往能产生疾风骤雨的气势；而五言体则妙在言之不尽，韵味悠长，选择五言体作义理诗，往往能产生点到即止、妙不可言的艺术效果。所以，写诗首先要定体，根据不同的表达主题来选择不同的体裁。

古风的用语，当力求高古而有所典出，以古人语为诗，化用自然。比如首句可以用“卧波”，取自杜牧《阿房宫赋》中的词语“长桥卧波”，正适合用来写桥；“不知处”来自“云深不知处”（贾岛《寻隐者不遇》）这一名句；“跂而望”出自荀子《劝学》“跂而望矣，不如登高之博见也”；“岁寒”出自《论语·子罕》“岁寒，然后知松柏之后凋也”。而最后“滔滔”一词，亦典出《论语》。隐士桀溺对孔子说：“滔滔者天下皆是也，而谁以易之？且而与其从辟人之士也，岂若从辟世之士哉？”所谓“滔滔”，即混乱状，就是说天下到处都很混乱，你不如隐居吧。孔子说：“天下有道，丘不与易也。”（《论语·微子》）孔子的意思是，如果天下太平了，我也就不必辛苦奔走了，正是因为天下混乱，我才不能退缩啊。所以，此处用“滔滔”，既可以衬托出桥独立水中的姿态，又能够把“桥”遗世独立、坚守节操的风神表现出来，从而更好地传达义理。

古风还要适当地使用散文句式。句式过于工美，就会缺乏一些质朴的气质，那就不是古风了。比如“跂而望花红”“片片过客耳”，加强了虚词的运用，以及句子节奏的变化，这些都增加了诗句的散文化特征，进而使全诗更加具有古风的韵味。

第三章 填词

漫话小词

拨开云雾，见得青天

词是什么？我想在解释概念、介绍常识之前，通过消除人们对于词的一些误解，来带大家走近词的本相。

（一）“写”词？

诗歌作为语言的艺术，自有以声动情的艺术机理。那些双声与叠韵的音响、流婉或拗怒的音节、平平仄仄的顿挫、不同韵部带来的美感，可以直接触动读者，为其带来审美体验。关于古典诗词的创作，用“写”这个字，或许难以涵括诗歌创作的全过程，也未能体现出诗人在声律上的良苦用心，所以我个人更倾向于用一“作”字。

而词呢，则应用“填”字。

“填”意味着格式上的完型过程。给什么填？给乐曲。和近体诗不同，词的本质是音乐文学，它自一开始就不是用来诵读的，而是入乐以演唱的。“填词”就是为一首乐曲创作出与其旋律、节奏相得宜的歌词。唐五代时期人们称词为“曲子词”，而宋人还称它为“近体乐府”。

词的兴起和繁盛，离不开燕乐的发展。

中国古代音乐有三大系统，其诞生的次序为雅乐、清乐与燕乐。雅乐系统在周朝便已形成，是中国传统的宫廷音乐；清乐又叫清商乐，是三国、两晋、南北朝时兴起并成为主流的传统音乐；燕乐系统则是由北周、隋以来从西域传入的外国或外族音乐与汉族民间音乐共同构成的。

燕乐乐曲的旋律、节奏等特征与雅乐、清乐有很大的不同，所以燕乐的曲词形态，也就有别于中国传统的歌辞：曲词既不拘泥于五言或七言，也不拘泥于一韵到底、押平声韵的形式，而是与音乐形态相匹配。具体来说，乐句多则词句多，乐句长则该句字数多，旋律高则字音高，节奏快则字音短促……词作的形态因乐曲的不同而各异，这就是为什么我们看到的词在篇幅、句式、用韵、平仄上大有不同。

人们对词有不同的叫法，刚才提到的“曲子词”，最能反映出词的音乐性；而“近体乐府”，凸显的是词入乐的特征，也强调了词跟古乐府诗的区别；也有人称词为“长短句”，很直观地表现了词的句式特征，但对词体特征的概括不够全面；南宋有人称词为“诗余”，这个称呼虽然体现出了词与诗的关联，但明显把词的地位降了一等，如今看来，不甚可取。

词是用来演唱的，宋人以唱词为主，但彼时也已有人开始诵读词作。随着历史的变迁，很多词乐已经失传，即便仍有不少古谱在，今人对词作，也多不再演唱，而改为诵读。

（二）词是形式自由的诗歌体裁？

既然词的形态是由音乐形态决定的，那么词就不能算是形式自由的诗歌体裁。很多初学者对词了解、阅读和思考得不够，才会产生“句式自由，押韵自由”的误解，把词当作类似新诗的诗体去创作，既不关注押韵的规则，也不进行平仄的处理，甚至随意自创词牌与词体，完全由着自己的灵感和意愿来，背离填词之道甚远而不自知，殆矣。

其实，词一方面遵循着音乐文学的创作规矩，另一方面又遵循着中国诗的基本规则，这一规则可总结为“篇有定句，句有定字，字有定音”，所以填词一点也谈不上自由。举个例子，词作《菩萨蛮》和《浣溪沙》的形式很不同。

菩萨蛮

李　白

平林漠漠烟如织，寒山一带伤心碧。暝色入高楼，有人楼上愁。

玉阶空伫立，宿鸟归飞急。何处是归程？长亭更短亭。

浣溪沙

秦 观

漠漠轻寒上小楼，晓阴无赖似穷秋。淡烟流水画屏幽。

自在飞花轻似梦，无边丝雨细如愁。宝帘闲挂小银钩。

但我们能因为这二者形式的不同，就说词的押韵和句式是自由的吗？只要多读几首《菩萨蛮》和《浣溪沙》就会发现：

《菩萨蛮》一共八句，每两句一换韵，仄声韵与平声韵交替出现，前两句每句七字，其余六句每句五字，一切《菩萨蛮》皆是如此；《浣溪沙》共六句，每句七字，押平声韵，一韵到底，除第四句外句句押韵，一切《浣溪沙》皆是如此。这才是词的规矩。

填词并不自由。如果一定要说有什么自由的成分在，那也只能说它在形式上比近体诗变化更多，看起来更灵动飘逸些。

（三）词＝宋词？

前几年，一家媒体在报道中竟说一位高考状元“爱写宋词”，令人啼笑皆非。为什么不能这么说呢？因为词虽辉煌于宋代，但并不仅存在于宋代，“宋词”只是指宋代的词，“宋”是时代概念，不是词的格式概念。

词这一诗歌形式诞生于隋唐，发展于五代，并在两宋时期达到艺术的巅峰，而后的元、明、清至今，人们都并不曾中断词的创作。像我们耳熟能详的“问世间、情为何物？直教生死相许”，即出自金元之际元好问的词作《摸鱼儿》；“人生若只如初见，何事秋风悲画扇”，出自清代纳兰性德的词作《木兰花令》；“江山如此多娇，引无数英雄竞折腰”，则出自现代革命领袖毛泽东的词作《沁园春》。

词和近体诗一样，自诞生起便一直拥有强大的生命力，只不过我们现在的文化环境和文学创作的语言体系发生了剧变，古典诗词才因创作主体的小众化而显得神秘、遥远。泛览自隋唐至当代的词作，你会发现，词的内容、词人的情感和我们的生活其实很切近，而其中蕴涵的中国传统审美心理和文化基因，更是在我们身上深深根种。

（四）宋人填词而不作诗?

这种理解也是不正确的。宋人也作诗，他们所作的近体、古体诗，不见得比唐人少，而且对宋人来说，诗也比词更适合寄寓文人士大夫的思想观念、记述其政治生命际遇，只是宋词的艺术成就超过了宋诗。

王国维说“一代有一代之文学”，诚如是也。我们不妨再想想，宋人站在唐人的肩膀上作诗，但为什么宋诗的艺术成就，看起来既不如唐诗，也不如宋词呢?

首先，唐诗雄浑的气象、酣畅的笔法，与当时的国力、政策、文化心理息息相关，整体来说富于开拓、自由、感性之美，这一点和宋诗的创作背景不尽相同，宋诗的气质偏于封闭、保守、理性。

其次，唐宋诗追求的美感也不尽相同。宋诗整体上更偏重理趣，如以下两首。

题西林壁

苏　轼

横看成岭侧成峰，远近高低各不同。

不识庐山真面目，只缘身在此山中。

观书有感

朱　熹

半亩方塘一鉴开，天光云影共徘徊。

问渠那得清如许？为有源头活水来。

显然，这类诗偏重于说理，理胜于情。另外，宋诗还有散文化、议论化的倾向，善于翻新立意、运用典故，爱在格律方面出奇制胜。因此人们通常认为，宋诗固然有其魅力，但艺术成就总体来说略逊于唐诗。

宋诗的缺憾，由宋词完成了填补。宋诗的情味儿确实少了，是因为宋代文人寡情吗？不是的。诗的章法、技巧在宋代已经很成熟了，成熟到难以有大的突破，这种形式上的成熟未必全然是一件好事，它对诗人难免产生牵制和束缚，相较而言，词是一片更新的土壤，其创作尚未受到那么多成规和伦理观念的束缚，宋人很多真实自然的、个人化的，甚至超脱于封建伦理的情思，会转而在词中抒写，也会在词的技法和结构上有更多的尝试与突破。宋词的辉煌，与这一点也不无关系。

（五）词乃艳科，难登大雅？

词不过是吟风弄月的艳科小技，柔媚浮靡，非文学之正统，难登大雅之堂，不可与诗相提并论。

的确有些人是持以上论调的，而且这一论调也并非纯粹的妄言。不妨想想词作的温床和流传方式——燕乐（“燕”即“宴”），这个载体是有很强的娱乐性质的，不属于庄重的政治活动和严肃的生活仪式，人们常抱着消闲的心态，在酒宴歌舞中听赏乐曲，创制和改编曲词，作品最后被交给歌伎，化作曼妙纤歌……这样的温床所孕育的词作，倘若不是俗白、香艳、浮靡的，那反倒不大可能。词在发展的过程中确实出现了大量以记述欢宴、摹写声色、讲叙艳情为内容的作品，尽管它们也有精巧的构思和细腻的文笔，但格调总是不够高古，境界总是不够宏阔的。

但是，盯着词在某一阶段的特性，而不用发展的眼光审视它，则未免以偏概全了。纵观各个时期的词作，我们会发现其文学性、思想性、内容的多样性都是在增强的，其丰富和深刻程度比起其他诗体，并无不及，同时在表情达意的自然、深挚和细腻程度上，更是有所过之。

口说无凭，在介绍词体常识之前，我先带大家领略一些不同题材、不同风貌的词作。

词作导览

我们现在能读到的最早的词，见于《敦煌曲子词集》，这是在敦煌石室中发现的民间词曲总集。王重民云：其曲词“有边客游子之呻吟，忠臣义士之壮语，隐君子之怡情悦志，少年学子之热望与失望，以及佛子之赞颂，医生之歌诀，莫不入调”。僧、尼、道、妓、百姓，皆为词人。作品整体上呈现出民歌的朴美与率真，如《菩萨蛮》和《定风波》。

菩萨蛮

枕前发尽千般愿，要休且待青山烂。水面上秤锤浮，直待黄河彻底枯。

白日参辰现，北斗回南面。休即未能休，且待三更见日头。

定风波

攻书学剑能几何？争如沙塞骋偻㑩。手执绿沉枪似铁，明月，龙泉三尺斩新磨。

堪羡昔时军伍，谩夸儒士德能多。四塞忽闻狼烟起，问儒士，谁人敢去定风波。

唐代的文人也开始填词了，最著名的是诗人白居易。我们看他的《忆江南》。

忆江南

白居易

江南好，风景旧曾谙。日出江花红胜火，春来江水绿如蓝。能不忆江南？

白居易所填的词，明显在语言上更加文雅精练，同时我们也明显能感受到其作品的技法受近体诗格律的影响更深。不过这一时期的词作，还是呈现出平白晓畅的浅近之美，文人不过是在酒宴之间以词来遣兴抒怀，没有把词当作诗和文章一般去严肃对待、用力打磨。

词到了五代，有了迅猛发展。五代词更加精工和华丽，且看温庭筠的《菩萨蛮》。

菩萨蛮

温庭筠

小山重叠金明灭，鬓云欲度香腮雪。懒起画蛾眉，弄妆梳洗迟。

照花前后镜，花面交相映。新贴绣罗襦，双双金鹧鸪。

这是用非常典丽细腻的文字去描摹富贵女子的生活情态。

再看韦庄的《思帝乡》。

思帝乡

韦 庄

春日游，杏花吹满头。陌上谁家年少足风流？妾拟将身嫁与、一生休。纵被无情弃，不能羞。

这首词的语言就奔放、直白许多。温、韦之词更强调从审美而非伦理的视角写女性，女子的神形之美、情感之美，都很大方地走进了词的天地。近体诗常与传统道德、政治伦理相关联，而词却并非如此，女子不再是纲常伦理中男子的附庸，而渐渐有了作为主体的自足之美，那种不悖乎人性的、美善的两性情感在词中极为常见。所以，五代词作对词的贡献不只是语言上的雕琢，还隐然有一种思想和美学的启蒙在其中。

五代词人中还有三位不得不提，他们都生活在南唐：宰相冯延巳、中主李璟、后主李煜。

鹊踏枝

冯延巳

谁道闲情抛掷久？每到春来，惆怅还依旧。日日花前常病酒，不辞镜里朱颜瘦。

河畔青芜堤上柳，为问新愁，何事年年有？独上小楼风满袖，平林新月人归后。

冯延巳的词作内容往往不落在具体的一人一事、一景一物、一时一地上，而是在词作中生发出一种更为普遍的生命感受，令读者也很容易进入到他词作的情境中去，产生共情。上面的《鹊踏枝》便是如此，这与温、韦之词又有不同。

冯延巳词中有一句“风乍起，吹皱一池春水”（《谒金门》）。李璟问他：“‘吹皱一池春水’，干卿底事？”冯延巳对曰：“未若陛下‘小楼吹彻玉笙寒’也。”我们来看李璟的这首《摊破浣溪沙》。

摊破浣溪沙

李　璟

菡萏香销翠叶残，西风愁起绿波间。还与韶光共憔悴，不堪看。

细雨梦回鸡塞远，小楼吹彻玉笙寒。多少泪珠何限恨，倚阑干。

“小楼吹彻玉笙寒”，确实好，词中的环境和心境交映，彼此生发，而且不拘于具体的人、事、时、地。

李璟之子李煜留下的经典词作很多，《虞美人》是其中之一。

虞美人

李　煜

春花秋月何时了？往事知多少。小楼昨夜又东风，故国不堪回首月明中。

雕栏玉砌应犹在，只是朱颜改。问君能有几多愁？恰似一江春水向东流。

李煜因其亡国之悲，对人生的觉解也更深刻，作品中的故国之思和人生慨叹里，有更深重的悲情，开拓了词的界域。正如王国维《人间词语》所说："词至李后主，而眼界始大，感慨遂深，遂变伶工之词而为士大夫之词。"

到了北宋，国家的统一安定、文化的繁荣、城市的发展、市民阶层的兴起这些因素，共同推动着词的繁盛。

晏殊的词多有闲雅雍容的贵族气质，《浣溪沙》最为典型。

浣溪沙

晏　殊

一曲新词酒一杯，去年天气旧亭台。夕阳西下几时回？

无可奈何花落去，似曾相识燕归来。小园香径独徘徊。

晏殊之子晏几道则属于才子型词人，在词中更多深情与伤心之语，如《鹧鸪天》。

鹧鸪天

晏几道

小令尊前见玉箫。银灯一曲太妖娆。歌中醉倒谁能恨，唱罢归来酒未消。

春悄悄，夜迢迢。碧云天共楚宫遥。梦魂惯得无拘检，又踏杨花过谢桥。

张先的词，情味颇重，如《一丛花令》。

一丛花令

张 先

伤高怀远几时穷？无物似情浓。离愁正引千丝乱，更东陌、飞絮蒙蒙。嘶骑渐遥，征尘不断，何处认郎踪？

双鸳池沼水溶溶，南北小桡通。梯横画阁黄昏后，又还是、斜月帘栊。沉恨细思，不如桃杏，犹解嫁东风。

欧阳修的词情味也重，但其中多了一重对人生和情感本身的思考，如《玉楼春》。

玉楼春

欧阳修

尊前拟把归期说，未语春容先惨咽。人生自是有情痴，此恨不关风与月。

离歌且莫翻新阕，一曲能教肠寸结。直须看尽洛城花，始共春风容易别。

当时在民间最受欢迎的词人是柳永。他写羁旅愁思，也写落榜时的牢骚，而写自己与歌伎情感的作品尤多。词中有“不减唐人高处”（苏轼《题柳耆卿〈八声甘州〉》）的古雅，也有很世俗的情感和语言。另外，精于音律的他还填创了大量的长调，使长调得以和篇幅短小的令词分庭抗礼，这也是他对词的一大贡献。此处即展示他的长调《八声甘州》。

八声甘州

柳　永

对潇潇暮雨洒江天，一番洗清秋。渐霜风凄紧，关河冷落，残照当楼。是处红衰翠减，苒苒物华休。惟有长江水，无语东流。

不忍登高临远，望故乡渺邈，归思难收。叹年来踪迹，何事苦淹留？想佳人、妆楼颙望，误几回、天际识归舟。争知我、倚阑干处，正恁凝愁！

词能写羁旅愁思，也能写边塞风景和征戍生活，如范仲淹的《渔家傲》。

渔家傲

范仲淹

塞下秋来风景异，衡阳雁去无留意。四面边声连角起，千嶂里，长烟落日孤城闭。

浊酒一杯家万里，燕然未勒归无计。羌管悠悠霜满地，人不寐，将军白发征夫泪。

词也有以怀古为题材的，如王安石的《桂枝香·金陵怀古》。

桂枝香·金陵怀古

王安石

登临送目。正故国晚秋，天气初肃。千里澄江似练，翠峰如簇。征帆去棹残阳里，背西风、酒旗斜矗。彩舟云淡，星河鹭起，画图难足。

念往昔、繁华竞逐。叹门外楼头，悲恨相续。千古凭高，对此漫嗟荣辱。六朝旧事随流水，但寒烟衰草凝绿。至今商女，时时犹唱，后庭遗曲。

所以，我们不能说词只是升平时代士大夫的浅斟低唱。不同境遇的文人所填之词，在思想和内容上自然是不同的。苏轼的《卜算子·黄州定慧院寓居作》就是抒发谪居的苦闷。

卜算子·黄州定慧院寓居作

苏　轼

缺月挂疏桐，漏断人初静。时见幽人独往来，缥缈孤鸿影。惊起却回头，有恨无人省。拣尽寒枝不肯栖，寂寞沙洲冷。

他的《定风波》则体现了其内心对人生苦乐冷暖的超脱。

定风波

苏　轼

莫听穿林打叶声，何妨吟啸且徐行。竹杖芒鞋轻胜马，谁怕？一蓑烟雨任平生。

料峭春风吹酒醒，微冷，山头斜照却相迎。回首向来萧瑟处，归去，也无风雨也无晴。

他的《满庭芳》也很有意思，我们发现它已经不是以即景抒情为主了，而是像一篇小文章，在议论，在说理。

满庭芳

苏 轼

蜗角虚名，蝇头微利，算来著甚干忙。事皆前定，谁弱又谁强。且趁闲身未老，尽放我、些子疏狂。百年里，浑教是醉，三万六千场。

思量。能几许，忧愁风雨，一半相妨，又何须，抵死说短论长。幸对清风皓月，苔茵展、云幕高张。江南好，千钟美酒，一曲满庭芳。

《诗经》中的《绿衣》和《葛生》、潘岳的《悼亡诗》、元稹的《遣悲怀》，都是悼亡主题的名篇。词作中也有悼亡的主题，如贺铸的《半死桐》。

半死桐

贺 铸

重过阊门万事非，同来何事不同归？梧桐半死清霜后，头白鸳鸯失伴飞。

原上草，露初晞。旧栖新垅两依依。空床卧听南窗雨，谁复挑灯夜补衣？

男性词人常以女性口吻或视角来写闺情，这是代言体的词作。而也有女性文人自己填词，展现“当行本色”的，李清照便是其中最具代表性的人物。她的生命跨越北宋与南宋两个阶段：前一时期多写富有文人情调的女性生活，或抒发闺中的相思；而北宋的沦亡加上丧夫、财物遭劫、个人病老等一系列沉重打击，使其后期作品多含更深层的人生苦痛和家国之悲。

前期代表作如《一剪梅》。

一剪梅

李清照

红藕香残玉簟秋。轻解罗裳，独上兰舟。云中谁寄锦书来，雁字回时，月满西楼。

花自飘零水自流。一种相思，两处闲愁。此情无计可消除，才下眉头，却上心头。

后期代表作如《声声慢》。

声声慢

李清照

寻寻觅觅，冷冷清清，凄凄惨惨戚戚。乍暖还寒时候，最难将息。三杯两盏淡酒，怎敌他、晚来风急？雁过也，正伤心，却是旧时相识。

满地黄花堆积。憔悴损，如今有谁堪摘？守着窗儿，独自怎生得黑？梧桐更兼细雨，到黄昏、点点滴滴。这次第，怎一个愁字了得！

北宋政权的沦亡，宋金民族矛盾的激化，南宋朝廷的苟安……一场场风雨加深了文人士大夫的忧患。使他们痛苦的已不再局限于青春华年的流逝、个人际遇的坎坷，于是南宋的词作往往更加丰富、博大、深沉。若说李清照后期的词作常流连于对故国的追忆，那么辛弃疾的词则体现着收拾旧山河的渴望。如《贺新郎·同父见和再用韵答之》。

贺新郎·同父见和再用韵答之

辛弃疾

老大那堪说。似而今、元龙臭味，孟公瓜葛。我病君来高歌饮，惊散楼头飞雪。笑富贵、千钧如发。硬语盘空谁来听？记当时、只有西窗月。重进酒，换鸣瑟。

事无两样人心别。问渠侬：神州毕竟，几番离合？汗血盐车无人顾，千里空收骏骨。正目断、关河路绝。我最怜君中宵舞，道“男儿到死心如铁”。看试手，补天裂！

辛词的主题和风格既是时代的产物，又反过来激励着诸多关心光复大事的仁人志士。

当然，抗金也并不是南宋词的唯一主题，毕竟词人除了政治生活，还一直处于文化生活、情感生活之中。其中有一批词人就更关注词的文学味而非政治性，追求词作章法的圆熟、词句的精工、语言的隽永、音律的和谐，直抵“清空骚雅”之境。如吴文英的《齐天乐·与冯深居登禹陵》，就在辞藻和结构上着力。

齐天乐·与冯深居登禹陵

吴文英

三千年事残鸦外，无言倦凭秋树。逝水移川，高陵变谷，那识当时神禹。幽云怪雨。翠萍湿空梁，夜深飞去。雁起青天，数行书似旧藏处。

寂寥西窗久坐，故人悭会遇，同剪灯语。积藓残碑，零圭断壁，重拂人间尘土。霜红罢舞。漫山色青青，雾朝烟暮。岸锁春船，画旗喧赛鼓。

南宋固然也有不少清新自然的词作，但整体来说语言雕琢的痕迹较明显，其遣词造句、抒情方式和美感特质，都与北宋前期的曲子词大有不同。王沂孙的《绮罗香·秋思》，也是一例。

绮罗香·秋思

王沂孙

屋角疏星，庭阴暗水，犹记藏鸦新树。试折梨花，行入小阑深处，听粉片、簌簌飘阶，有人在、夜窗无语。

料如今门掩孤灯，画屏尘满断肠句。

佳期浑似流水，还见梧桐几叶，轻敲朱户。一片秋声，应做两边愁绪。江路远、归雁无凭，写绣笺、倩谁将去。谩无聊，犹掩芳樽，醉听深夜雨。

南宋还有陆游、姜夔、蒋捷、周密、张炎、史达祖等诸多词家，读者可自主阅读其词作。

词的题材和笔法在两宋时期臻于完善，南宋之后的词也不乏佳作，此处不再做介绍。对隋唐至南宋词加以导览，相信足够说明三点：第一，词的内容丰富，绝非“艳科”所能概括；第二，词中饱含丰富的情感和深刻的思想，虽篇幅短小，却不是“小道”；第三，词有极高的文学艺术价值，值得我们潜心记诵、研究、创作。

词体常识

近体诗的诗体要素主要是题目、平仄格律、句式和韵脚等，而词则更丰富一些，每种要素都有自己的名称、内涵、来由，以及对词作形态的规定。本节要讲解的就是词体的各个要素。

词　牌

我们每个人都会有印象深刻的词作。说到岳飞的《满江红》，“怒发冲冠，凭栏处”便能脱口而出；而说到“恰似一江春水向东流”，我们一定知道它出自李煜的《虞美人》。

带有书名号的《满江红》《虞美人》自然能指代上述词作的全篇，可单拎出“满江红”“虞美人”这几个字来，它们又是什么意思呢？是词作的题目，还是其他？

在词律中，它们被称作“词牌”，这是近体诗中所没有的概念。今天，我们便从词牌说起。

（一）词牌、词调与宫调

我们把一首歌词所寄身的音乐称作它的词调，而词牌，就是该词调的名称。

什么是词牌

不妨设想这样一个场景：酒宴间，某文人请歌伎唱曲子，唱哪支呢？可选的有“采桑子”“蝶恋花”“一斛珠”……譬如选了“蝶恋花”，那么歌伎就唱支《蝶恋花》，若听罢觉得曲子曼妙，但歌词不够雅致或应景，则文人可按照《蝶恋花》原来歌词的形式，重新创作出一首甚至数首歌词，交由歌伎依着原来的旋律演唱，这些新作，也都叫作《蝶恋花》。

上文提到的“蝶恋花”“采桑子”“一斛珠”等，便是词牌。每个词牌，都有与之相应的词调，那是已成型的乐曲，其旋律、节奏和调式也都是确定的。

说到调式，则要补充中国古代乐理中的一个概念，那就是词乐的宫调。毕竟词是音乐文学，谈及它的音乐属性也不是题外话。但读者若对音乐没有兴趣，可直接跳过以下两段。

我们所说的“五音”指宫、商、角、徵、羽，对应现在的唱名分别是 do、re、mi、so、la。如果一首乐曲的主音是宫音，那么它构成的调式就是宫调式。以此类推，则有商调式、羽调式等。但宫调式中，宫音 do 的具体音高是什么？是 C、♯C 还是 D 呢？这就要看这首乐曲的宫音是与中国古代十二律中的哪一律相配了。十二律的名称是黄钟、大吕、太簇、夹钟、姑洗、中吕、蕤宾、林钟、夷则、南吕、无射、应钟，分别对应的固定音高是 C1、♯C1、D1、♭E1、E1、F1、♯F1、G1、♭A1、A1、♭B1、B1。譬如一首宫调式的乐曲以黄钟为宫音，则这首乐曲的宫调就是“黄钟宫”。后世常见的词乐宫调是七宫十二调，包括黄钟宫、仙吕宫、正宫、高宫、南吕宫、中吕宫、道宫和大石调、小石调、般涉调、歇指调、越调、仙吕调、中吕调、正平调、高平调、双调、黄钟羽、商调。

对于初学者而言，日后面对一篇标注了宫调（如【点绛唇·仙吕调】）的词或曲，只需知道那是音乐的调式即可，对音乐无浓厚兴趣者不必精研。当然，如果精研，你就会发现，不同宫调的音乐的感情色彩也是不同的，如《新唐书·礼乐志》有云：仙吕宫“清新绵邈”，南吕宫则“感叹伤悲”……

（二）词牌与词体

词牌与词调，其实就是乐曲的名称与形态，乐曲的形态（词调）又直接影响着歌词的形态（即词体）。下面我们来总结词牌与词体的几种关系。

（1）同牌同体，即同一词牌下，每首词作的句数和每句的字数是固定的。例如，我们读到的所有《浣溪沙》，都是每句七字、共六句、押平声韵。不过其中也有个别词牌，如《江城子》，既有单调（如欧阳炯的《晚日金陵岸草平》），又有双调（如苏轼的《十年生死两茫茫》）。关于这两首《江城子》，单调意味着旋律只进行一遍，双调则是将旋律唱两遍，因此双调只是单调篇幅上的倍增，它们在句式与用韵规则上没有差异。

（2）同牌异体，即同一词牌有不同的词体，它们在句式、声韵、字数上都有差异。在这些词体中，一般都会确定某一种最通行的格式为“正体”，如周邦彦的《一落索》，在众多体式不同的《一落索》中，被视为正体。

一落索

秦　观

杨花终日空飞舞，奈久长难驻。海潮虽是暂时来，却有个、堪凭处。

紫府碧云为路，好相将归去。肯如薄幸五更风，不解与、花为主。

一落索

周邦彦

眉共春山争秀，可怜长皱。莫将清泪湿花枝，恐花也，如人瘦。

清润玉箫闲久，知音稀有。欲知日日倚阑愁，但问取、亭前柳。

(3) 异牌同体，其实就是说相同的词乐，有不同的词牌名。这种情况很常见，譬如《蝶恋花》又名《鹊踏枝》《凤栖梧》（是否发现了三者内在的关联?)。另一种情况，如《念奴娇》又名《百字令》，后因苏轼的那一阕“大江东去……一樽还酹江月”风靡一时，人们又根据首、尾句，给《念奴娇》起了别名《大江东去》《酹江月》。

(4) 词调变格，即作者通过犯调（在演唱乐曲的过程中变换宫调)、转调（作新词时即改变宫调)、偷声减字（缩减乐句与字句)、摊破（添加乐句与字句）等手法改变词牌原有的词体，从而创作出新词，这种变格的情况一般直接反映在词牌名称上，如《转调踏莎行》《减字木兰花》《摊破浣溪沙》。至于像《浪淘沙》与《浪淘沙慢》、《木兰花》与《木兰花慢》，词体迥异，不属于变格关系。

此外更有一些特殊情况。如《相见欢》《锦堂春》的别名都叫《乌夜啼》，但二者的词体完全不同；《菩萨蛮》又名《子夜歌》，可《子夜歌》的正体又不同于《菩萨蛮》……可见词牌与词体关系之复杂。初学者不必畏惧，有了一定的阅读量后，便能对词牌具备辨识能力。

（三）词牌与作品内容

方才提到《念奴娇》以苏轼“大江东去”为别名的情况，可知部分词牌是跟作品内容有所关联的。再看一例。

据唐苏鹗《杜阳杂编》载：“大中初，女蛮国入贡，危髻金冠，缨络被体，号菩萨蛮队，当时倡优遂制《菩萨蛮》曲，文士亦往往声其词。”

可见，若追本溯源，每个词牌的名称与其初创的词作，或多或少都有所关联——有的因乐府旧曲而得名（《采桑子》出自《杨下采桑》），有的以字数为名（如《十六字令》《百字令》），情形甚多。

不过，由于古时乐曲与歌词不是一对一，而是一对多的关系，同一词牌的词作内容必然不会相同，所以词牌与作品内容的关系，我们既不便也不必考究了。

如今，我们看到的绝大多数词牌，都不是作品的题目，且与作品的内容无关。于是，我们今天读到的词，可能在词牌之外另有题目和序。

（四）词牌与题目、序

词的题目和序，为什么是“可能”有而非“一定”有呢？词最初是流连于酒筵歌舞之中的音乐文学，多为酒间即兴创作，其题材与创作背景往往单一，语言浅近，内容明朗，没有题目与序，也不影响人们对作品的理解。不过，从北宋中期开始，词的题材愈发丰富，创作情境也更多了，有些词就像诗一样，需要题目和序言去对作品进行概括与说明。刘瑞潞《唐五代词钞小笺》说："北宋犹多不书题者，至南宋，则几乎无词无题。"

如以"大江东去"开头的《念奴娇》题目为"赤壁怀古"。

又如《定风波》在"莫听穿林打叶声"之前有一段序：

> 三月七日沙湖道中遇雨。雨具先去，同行皆狼狈，余独不觉。已而遂晴，故作此词。

以上是对词牌及相关概念的介绍。不妨用最简明的例子为本部分内容做概括：

在周杰伦的《菊花台》中，【1＝F 4/4　3 $\underline{32}$ 3 — | ……】是词调，词调的名称即词牌为"菊花台"，"你的泪光，柔弱中带伤……"是词作本身。

若我也倚着《菊花台》的音乐填词，可以是这样的——

菊花台·思乡

> 序：余自求学以来，客居帝京数载……丙申中秋，冰轮重满，乡心尤切，遂作此词以抒怀。
>
> 月色如霜，一夕竟断肠。……

为旧曲翻作新词，是不是非常有趣呢？古人在这一乐趣中，已沉醉了千年。

思 考

回想你熟悉的词作，你能举出多少词牌？不同词牌的词作，又会有什么不同？

词的分片与体式

不同词牌的词作，其段落形态与篇章结构也不同，下面我们来看词的段落与结构。

（一）章、片、遍、阕

《诗经》中的诗大多是分章节的，如《蒹葭》，“蒹葭苍苍，白露为霜……”为第一章，“蒹葭萋萋，白露未晞……”为第二章，“蒹葭采采，白露未已……”为第三章。章与章之间句式相似，吟唱的旋律也基本相同。歌词层面的重章，对应着歌曲层面的叠唱。

古风与近体诗不分章节，而作为音乐文学的词，再一次有了“章”的形式。不过，词中的“章”，我们叫作“片”，也叫作“遍”。“一片”歌词，就对应着“一遍”音乐。每片的歌词及其音乐，都是相对独立、完整的。

前面我们提到《江城子》，欧阳炯的那首乐词只有一片，说明词乐只演唱一遍；而苏轼的那首则有两片，说明词乐演唱两遍。一般来讲，词牌确定了，词的片数也就随之确定了。

至于“阕”，有时候指一整首词，所以我们可以说“填了一阕词”，那么上片与下片也可称作上半阕与下半阕；有时候也指词的一片，这时上片、下片也分别叫作上阕、下阕。

（二）单调、双调、三叠、四叠

现存的词最多由四片构成一首，称作四叠，四叠的数量极少。由三片构成的叫三叠，较为常见。我们习惯用第一、二、三片而非上、中、下片来指称三叠中的相应段落。有的叠词中，各片（往往是前两片）的形态相同，这类词叫作“双拽头”；有的叠词则每一片形态皆不相同。

我们看到的词作，由上下两片构成的最多，这种词叫作双调。双调的上下两片，有的形式相同（意味着两段音乐也基本相同），如《虞美人》；有的形式不同（意味着两段音乐也不相同），如《诉衷情》。具体作品可参见本书附录的二维码中的词谱简编部分。

单调则是指全词的文字和音乐都只有一段，常见的有《如梦令》《忆江南》等。

片与遍，是对词内部构件的称呼，根据词构件的组成形式，我们划分出的种类是单调、双调、三叠、四叠。除此之外，对词进行分类还有哪些标准？

（三）令、引、近、慢

古人常在宴席上为流行的曲调即兴填词，制成酒令，以供饮酒之欢愉消遣，这种行酒令的活动在唐宋时期已非常流行，而“令”这一词体，就来自酒令。它们大多字数少、句式短、节奏快。如《十六字令》《调笑令》。

唐宋时期有很多“大曲”。大曲由同一宫调的诸多乐曲组成，因此段数多、乐曲长。大曲中有段音乐叫作“序”，序之后的乐段叫作“引”，为“序”“引”等乐段填以歌词，则歌词也分别称作“序”和“引”，如《莺啼序》《太常引》《清波引》等。

“近”，是指大曲中接近高潮部分的乐段。为这一乐段填词，亦称“近”，如《好事近》《祝英台近》。

节奏和缓、音乐悠长的一类乐曲叫作慢曲，慢曲的歌词则称作“慢”。音乐长、乐句长，所以慢词的字数一般比较多，如《声声慢》《扬州慢》。

引、近的字数大体介于令与慢之间。

（四）小令、中调、长调

对词的体式的划分，还有一种标准，即字数：58 字以内为小令，59～90 字为中调，91 字及以上为长调。这种分法较为常见，但未免失于刻板。

对此，王力先生在《汉语诗律学》中给出了新的分法：一类是 62 字以内的令词，一类是 63 字以上的慢词。在他看来，令词和律诗、绝句的字数相差不远，既然相差不远，则其性质、章法也应有相通之处，而慢词则别是一体。本书中“令词”“慢词”的概念，基本上以王力先生的分法为准。

本部分主要介绍词的体式与分类标准。希望学习过本部分内容后再去读词，读者能对其体式有准确的判断，甚至能道出词牌名称的所以然来。至于这些理论知识，不必于一时内强记。

练　习

不妨读几首词，归纳其体式，填入 213 页的表中。

作品 A：

生查子

晏几道

关山魂梦长，鱼雁音尘少。两鬓可怜青，只为相思老。

归梦碧纱窗，说与人人道。真个别离难，不似相逢好。

作品 B：

青门引

张　先

乍暖还轻冷。风雨晚来方定。庭轩寂寞近清明，残花中酒，又是去年病。

楼头画角风吹醒。入夜重门静。那堪更被明月，隔墙送过秋千影。

作品 C：

如梦令

李清照

昨夜雨疏风骤，浓睡不消残酒。试问卷帘人，却道海棠依旧。知否？知否？应是绿肥红瘦。

作品 D：

虞美人

李　煜

春花秋月何时了？往事知多少。小楼昨夜又东风，故国不堪回首月明中。

雕栏玉砌应犹在，只是朱颜改。问君能有几多愁？恰似一江春水向东流。

作品 E：

浪淘沙慢

柳　永

梦觉、透窗风一线，寒灯吹息。那堪酒醒，又闻空阶，夜雨频滴。嗟因循、久作天涯客。负佳人、几许盟言，便忍把、从前欢会，陡顿翻成忧戚。

愁极。再三追思，洞房深处，几度饮散歌阑，香暖鸳鸯被。岂暂时疏散，费伊心力。殢云尤雨，有万般千种，相怜相惜。

恰到如今，天长漏永，无端自家疏隔。知何时、却拥秦云态？原低帏昵枕，轻轻细说与，江乡夜夜，数寒更思忆。

划分标准	作品体式			
结构	单调：	双调：	三叠：	四叠：
音乐类型	令：	引：	近：	慢：
字数	小令（58—）：	中调（59～90）：	长调（91＋）：	
王力的分法	令词（62—）：		慢词（63＋）：	

词的句式

词牌规定的，不仅有段落与结构，还有词的句式。

句式是指句子的形态样式，表现在词句的字数上（至于句子的语序和修辞，则属于句法范畴，我们讲填词技法时再做介绍）。多样的句式及其组合，是词最显著特征，相信也是我们读词时最直观的感受，难怪古人用“长短句”来代指词。

词的句式

（一）词的多种句式

词的句式之丰富，超越了此前的所有诗歌形式（*N* 言即为一句 *N* 个字）：诗经以四言为主（如“关关雎鸠，在河之洲”）；骚体诗以五、六言交织（如“荒忽兮远望，观流水兮潺湲”），或六、七言交织（如“帝高阳之苗裔兮，朕皇考曰伯庸”）为主；古风多杂言，偶有三言或其他（如“行路难！行路难！”“君不见黄河之水天上来”），但总体以五言、七言（如“泻水置平地，各自东西南北流”）为主。而词的一句呢，从一字、两字到十余字的情况都有。

一字句：

十六字令

张孝祥

归。猎猎薰风飐绣旗。拦教住，重举送行杯。

二字句：

调笑令

韦应物

胡马，胡马，远放燕支山下。跑沙跑雪独嘶，东望西望路迷。迷路，迷路，边草无穷日暮。

三字句、四字句：

行香子

李清照

草际鸣蛩。惊落梧桐。正人间、天上愁浓。云阶月地，关锁千重。纵浮槎来，浮槎去，不相逢。

五字句、七字句：

卜算子·咏梅

陆　游

驿外断桥边，寂寞开无主。已是黄昏独自愁，更著风和雨。

无意苦争春，一任群芳妒。零落成泥碾作尘，只有香如故。

六字句：

清平乐·村居

辛弃疾

茅檐低小，溪上青青草。醉里吴音相媚好，白发谁家翁媪？

大儿锄豆溪东，中儿正织鸡笼。最喜小儿亡赖，溪头卧剥莲蓬。

八字句：

八声甘州

柳　永

对潇潇暮雨洒江天，一番洗清秋。渐霜风凄紧，关河冷落，残照当楼。是处红衰翠减，苒苒物华休。惟有长江水，无语东流。

不忍登高临远，望故乡渺邈，归思难收。叹年来踪迹，何事苦淹留？想佳人、妆楼颙望，误几回、天际识归舟。争知我、倚阑干处，正恁凝愁！

九字句：

虞美人

李　煜

春花秋月何时了？往事知多少。小楼昨夜又东风，故国不堪回首月明中。

雕栏玉砌应犹在，只是朱颜改。问君能有几多愁？恰似一江春水向东流。

十字句：

摸鱼儿

辛弃疾

更能消、几番风雨，匆匆春又归去。惜春长怕花开早，何况落红无数。春且住，见说道天涯芳草无归路。怨春不语。算只有殷勤，画檐蛛网，尽日惹飞絮。

长门事，准拟佳期又误。蛾眉曾有人妒。千金纵买相如赋，脉脉此情谁诉？君莫舞，君不见玉环飞燕皆尘土！闲愁最苦！休去倚危栏，斜阳正在，烟柳断肠处。

三字及以下的词句被视为短句，而七字及以上的被视为长句。词中出现较多的是三、四、五、六、七字句，而八字以上的句子，往往可以根据句意将其分解为两个小句，如“君不见、玉环飞燕皆尘土”。

（二）词的体式

每句字数相同的词属于齐言体式，如《浣溪沙》《生查子》。

每句字数大抵相同，偶有其他句式的，可看作准齐言体式，如《鹧鸪天》。

词作体式的分类

以上两种体式的词，不单在形态上像近体诗，就连平仄格律，也明显受近体诗的影响。

杂言体式的词，由两种或多种字数不等的词句构成，如《清平乐》《声声慢》。

（三）篇有定句，句有定字

词的句式是丰富多变的，但具体到一首词，它共多少句、每句多少字，都是由其词牌来确定的，不能更改。这就是所谓的“篇有定句，句有定字”（“字有定声”的押韵和平仄问题，我们之后再探讨）。

思　考

为什么词有齐言、准齐言、杂言的不同句式形态？决定一首词词句长短的因素是什么？

为什么在词的诸多句式中，五、七言句式出现的频率尤高？

（提示：关于前者，可思考词与音乐的关系；关于后者，可思考词与诗的关系。）

词的用韵

词的用韵

词牌还规定了词作的押韵方式。纷繁的句式和多样的押韵方式，可以说是词体最显著的特征。

（一）押韵方式因词牌而异

当词牌确定了，这首词的句数、句式就确定了，同时，它韵脚的位置和韵类也就确定了，如《浣溪沙》。

浣溪沙

晏　殊

一曲新词酒一杯，去年天气旧亭台。夕阳西下几时回？

无可奈何花落去，似曾相识燕归来。小园香径独徘徊。

上片三句，句句押韵，押平声韵；下片三句，后二句押韵，与上片韵部相同。这就是《浣溪沙》押韵的规则。

每种词牌的押韵规则是不一样的。《浣溪沙》有自己的规则，而《清平乐》也有自己的规则。

清平乐

李 煜

别来春半，触目愁肠断。砌下落梅如雪乱，拂了一身还满。

雁来音信无凭，路遥归梦难成。离恨恰如春草，更行更远还生。

这首词的押韵规则是什么呢？上片押仄声韵，句句押韵（这是近体诗格律中不曾有的）；下片换平声韵，一、二、四句押韵。

词的押韵方式繁多，总的说来有一韵到底和换韵两大类。具体情况下面我们结合实例进行归纳。

（二）词常见的押韵方式

1. 一韵到底之押平声韵

如上文所示的《浣溪沙》。

2. 一韵到底之押仄声韵

如《渔家傲》。

渔家傲

李清照

天接云涛连晓雾，星河欲转千帆舞。仿佛梦魂归帝所。闻天语，殷勤问我归何处。

我报路长嗟日暮，学诗谩有惊人句。九万里风鹏正举。风休住，蓬舟吹取三山去！

要说明的是，押仄声韵时，上、去声韵可以通押，但不与入声字通押，入声字是要单押的。譬如岳飞的《满江红》，通篇押入声韵。这一点与古风押仄声韵的规则一样。

3. 一韵到底之平仄通押

这里是指平声韵与上、去声韵通押，如《西江月》。

西江月

辛弃疾

明月别枝惊鹊，清风半夜鸣蝉。稻花香里说丰年，听取蛙声一片。

七八个星天外，两三点雨山前。旧时茅店社林边，路转溪桥忽见。

只有几个特定的词牌可以这么押韵，并且只能在固定位置上平仄通押，而非在所有韵脚处都可通押。

平仄通押的现象，在元曲中便已很普遍了。

4. 换韵之交错押韵

交错意味着一首词从押 A 韵，转到押 B 韵，然后又回到押 A 韵（可能之后再回到 B 韵），韵脚有轮替往复的变化。有平声韵与仄声韵交错出现，也有仄声韵中的上、去声韵与入声韵交错出现。

前者如《定风波》：

莫听穿林打叶声，何妨吟啸且徐行。竹杖芒鞋轻胜马，谁怕？一蓑烟雨任平生。

后者如《钗头凤》：

钗头凤

陆 游

红酥手，黄縢酒，满城春色宫墙柳。东风恶，欢情薄。一怀愁绪，几年离索。错、错、错！

春如旧，人空瘦，泪痕红浥鲛绡透。桃花落，闲池阁。山盟虽在，锦书难托。莫、莫、莫！

5. 换韵之转韵

转韵往往是不同韵部的平声韵与仄声韵互转。与交错押韵不同的是，转韵的韵脚不再像 A—B—A 那样回到原来的韵部，而是换到与之前不同的韵部，如上文所示的《清平乐》。

一首词发生多次转韵的情况也不少见，如前面提到的《菩萨蛮》《虞美人》等。

（三）词的择韵

词的韵部和近体诗的韵部不同。

《平水韵》中的“一东”和“二冬”韵，韵脚用音标标注都是[ong]，但其实韵腹 o 的读音在“一东”中接近“喔”，在“二冬”中接近“呜”。这两个临近的韵部，在演唱时的听觉差异微乎其微，所以填词时“一东”“二冬”韵可以通押。

近体诗的韵部到了词韵中，绝大多数发生了合并，另一些得到了保留，还有少数发生了分化。

今人填词择韵，主要参照《词林正韵》。《词林正韵》共分十九部，包括平声类、上去声类和入声类。试看第一部中：

平声：一东二冬通用

仄声：上声一董二肿，与去声一送二宋通用

这是典型的韵部合并。再看第九部中：

平声：五歌［独用］

这是诗的韵部在词韵中的保留。再看这一例：诗韵“十三元”中的韵，一半被归入了《词林正韵》第六部（平声：十一真十二文十三元［半］通用），一半被归入了第七部（平声：十三元［半］十四寒十五删一先通用）。

可见词韵一面在合并，一面又在分化着近体诗韵。

入声韵部需要特别关注。像《词林正韵》第十八部（入声：五物六月七曷八黠九屑十六叶通用），则是一个入声韵部，岳飞《满江红》的韵脚就属于这个韵部。

总体来说，词的押韵比近体诗更加宽泛、自由和多变，这给了我们更广阔的择韵空间，也给了词以更丰富的声响效果。

今后你若觉得一首词读起来不押韵，不妨从以下原因去考虑：

（1）它押的是入声韵；

（2）中途发生了换韵；

（3）个别韵脚的古今读音变化较大，所以读起来像是不押韵；

（4）一些词人押韵时受了自己方言口音的影响，所以个别韵脚在我们看来是“出韵”的。

不妨泛读不同押韵方式的词作，充分感受词韵之美。

词的平仄与词谱

词牌还规定了每句的平仄，它们体现在词谱中。

词是“篇有定句，句有定字，字有定声”的。“字有定声”不仅包括词牌对句末韵脚的平仄限定，还包括词牌对句中每一个字的平仄限定，词牌不同，对句中平仄的要求也不同。词的一句中，有的位置上必须用平声或必须用仄声，有的位置上则可平可仄。查阅词谱，是我们如今了解词的平仄格律的最主要途径。

词谱

我们现在所说的词谱，是结合例作，用文字或符号来标注某一词牌平仄格律的文本工具。清代舒梦兰编选的《白香词谱》属于格律符号谱，例如它的《菩萨蛮》：

菩萨蛮·闺情

李　白

平林漠漠烟如织，寒山一带伤心碧。

⊙○⊙●○○▲　⊙○⊙●○○▲

暝色入高楼，有人楼上愁。

⊙●⊙○△　⊙○○●△

玉阶空伫立，宿鸟归飞急。

⊙○○●▲　⊙●⊙○▲

何处是归程？长亭更短亭。

⊙●●○△　⊙○⊙●△

▲和△代表韵脚，黑白分别代表仄声与平声，而⊙则表示此字可平可仄。

也有的词谱直接用“平”“仄”的字眼标注格律，韵脚处和可平可仄处分别以特殊符号进行标注，譬如《菩萨蛮》：

平平仄仄平平仄，平平仄仄平平仄。……

“平”表示此处可平可仄，但宜用平声；“仄”表示此处可平可仄，但宜用仄声。

《钦定词谱》和《白香词谱》都比较直观且权威，填词时可以参考。

不同的词谱有不同的标注方法，各有其优势，并且只要参看了说明，都很好懂。本书附录的词谱采用文字谱，“平”“仄”“中”分别指代平声、仄声和可平可仄，文字下加“__”则表示韵脚。那么《菩萨蛮》的词谱为：

菩萨蛮

中平中仄平平仄。中平中仄平平仄。中仄仄平平（转）。中平中仄平。

中平平仄仄（转）。中仄中平仄。中仄仄平平（转）。中平中仄平。

词是文人“倚声”而填的，所以词句的平仄从根本上说是由音乐的高低缓急决定的。但是，仔细分析《菩萨蛮》的词谱，我们会发现词句的平仄变化跟近体诗的格律是有关联的，这种关联主要体现在：

（1）词句的格律直接受近体诗格律的影响。如《菩萨蛮》首句“中平中仄平平仄”与近体诗的格律几乎一致，即韵脚和节奏点（偶数字）上的平仄比较固定，其余地方相对灵活。这种情况非常普遍，五言或七言的词句尤其如此。

（2）词句的格律不一定要如诗律般“对”和“粘”，《菩萨蛮》的前两句平仄就不是相对的，而是相同的，接下来两句则可看作相对的。

（3）从“中平中仄平平仄”一句，尤其是最后的“平平仄”可见，词也在回避拗句。

有些人存在这样的误解，以为上文提到的词谱是给唐宋时的文人使用的，其实不然。唐宋时词人是“倚声填词”，也就是听着旋律来填词。那时所谓的词谱，是指“音谱”，是用以提示演唱的，后来音谱大多失传了。而标示平仄的词谱出现于明代，是学者们从近体诗格律的角度出发，参照前人大量的同词牌词作而归纳出来的。

因为战争、社会变革、文化变迁等多种历史因素，词乐不再流行，我们如今多不再像古人那样“倚声填词”，只能依谱填词，而我们创作的词，也大多只用于诵读而非演唱。

关于词体常识就讲解到这里，最后我们结合一篇词谱对本节的知识进行回顾。

更漏子

中中平，中中仄。中仄中平平仄。中中仄，仄平平（转）。中平中仄平。

平中仄（转）。中中仄。中仄中平中仄。中中仄，仄平平（转）。中平中仄平。

例词：

> **更漏子**
>
> 温庭筠
>
> 玉炉香，红蜡泪，偏照画堂秋思。眉翠薄，鬓云残，夜长衾枕寒。
>
> 梧桐树，三更雨，不道离情正苦。一叶叶，一声声，空阶滴到明。

思　考

《更漏子》属于单调、双调、三叠还是四叠？

《更漏子》属于令词还是慢词？

《更漏子》属于齐言体式还是杂言体式？

《更漏子》中出现了几种句式？分别是什么？

《更漏子》的押韵方式是什么样的？请列出这首词所有的韵脚，并找出它们在《词林正韵》中所属的韵部。

填词技法

上一节讲解了一首词所包含的诸种要素及其创作规则，本节要讲的是，在填词的实践过程中，如何利用好各个要素，优化词作的艺术效果。本节内容和前一节基本是一一对应的。

选牌、拟题与写序

（一）填词时还要关注词牌的名称吗？

一个词牌在诞生之初，跟词作或音乐一定是有所关联的，但发展到如今，词牌名与词作的内容已经没有了直接关联，况且我们还可以为作品拟定题目，所以在一般情况下，作品内容是不受词牌名称限制的。比如苏轼曾在《临江仙》中表达自己出世的意愿：

夜阑风静縠纹平，小舟从此逝，江海寄余生。

同样的词牌《临江仙》，我也可以在其中书写揽镜之际的生命意识：

沧桑鸾镜最分明，可怜偏问取，白发为谁生。

还可以在其中感慨今古之兴衰：

从来何恨竟悠悠？曲江听往事，青冢话封侯。

所以，我们偏好什么词牌，或习惯于什么句式和韵律，就选用相应的词牌。但希望读者关注以下两种情况。

一种是“约定俗成”，即如陶然的《填词丛谈》所说：“一些词调，按其制调造曲的本意及习惯用法，约定俗成地有着一定的对象和范围，一般不能违背。”

比如《鹊桥仙》常用于七夕时节的创作与演唱，《暗香》《疏影》则是咏梅花的词牌，《三皈依》用于佛曲，不宜写艳情。而贺铸的悼亡词《鹧鸪天》有“梧桐半死清霜后，头白鸳鸯失伴飞”二句，故又称《半死桐》，倘若我们选《半死桐》，那么作品内容宜为悼亡或其他感伤类题材。

另一种且称作“相得益彰”，即词牌的意蕴和作品内容相谐。比如苏轼的一首小品。

蝶恋花

苏　轼

花褪残红青杏小，燕子飞时，绿水人家绕。枝上柳绵吹又少，天涯何处无芳草？

墙里秋千墙外道，墙外行人，墙里佳人笑。笑渐不闻声渐悄，多情却被无情恼。

这首写出了春日将尽，墙外行人对墙里佳人思慕而又求之不得的情愫，也可引申为人类追求美好事物时辗转崎岖的心路历程，而它的词牌，正是《蝶恋花》。且不说句式与用韵，单是词牌名，你便会觉得它带着真挚、缠绵的情感，妙用无穷。我们比较熟悉的《蝶恋花》，还有晏殊的“明月不谙离恨苦，斜光到晓穿朱户”、柳永的“衣带渐宽终不悔，为伊消得人憔悴”，虽内容不同，但都有着粉蝶恋花般的一往情深！

又如晏几道的《鹧鸪天》。

鹧鸪天

晏几道

小令尊前见玉箫。银灯一曲太妖娆。歌中醉倒谁能恨，唱罢归来酒未消。

春悄悄，夜迢迢。碧云天共楚宫遥。梦魂惯得无拘检，又踏杨花过谢桥。

鹧鸪的叫声很特别，古人拟其声为“行不得也、哥哥”，单是这个词牌，就能让我们联想到临别时的万般不舍和离别后的千种相思，用这个词牌去书写惜别、相思之情，岂不妙哉？再看《鹧鸪天》的别名，果然有《于中好》《思越人》《思佳客》等，每个词牌背后，着实都是有许多故事与寄托的……

可见，尽管词牌对作品内容没有绝对限制，但我们选择词牌时，仍不妨讲究些。

词牌是我们第一个讲解的要素，却并不一定是填词时一开始就要确定的。有些人习惯于先选定词牌，再构思作品，有些人则刚好相反，这取决于作者自身的习惯和功力。

（二）拟题、写序

题目和序，并非一首词的必备要素。你的词作蕴涵的情感本身可能有很强的感发能力，能够让有不同经历的人产生共鸣，但你若把自己创作的具体信息（如时间、地点、缘由、经过、人物等）交代得太详细，反倒让词作显得过于个人化，拉开了与读者的距离。

能在词作里讲清楚的，就不要用序言去补充，苏轼的“大江东去，浪淘尽、千古风流人物”，只需以“赤壁怀古”为题，根本不需要交代自己缘何谪居、谪居何处、年岁几许。

反过来说，能用序言去交代的细碎信息，就不必在词中出现，以免破坏了词意的涵浑，限制了词的多义。比如苏轼的《水调歌头》。

水调歌头

苏　轼

序：丙辰中秋，欢饮达旦，大醉，作此篇，兼怀子由。

明月几时有，把酒问青天。不知天上宫阙，今夕是何年。我欲乘风归去，又恐琼楼玉宇，高处不胜寒。起舞弄清影，何似在人间？

转朱阁，低绮户，照无眠。不应有恨，何事长向别时圆？人有悲欢离合，月有阴晴圆缺，此事古难全。但愿人长久，千里共婵娟。

词人在序言中写出了创作时间和所怀之人，而词作本身却没有任何文字指明自己在挂念谁，“但愿人长久，千里共婵娟”这样的人伦温情，是有超越性的，超越了手足之情，也超越了一时一地、一家一户的情思，成为人类普遍的情感与关怀，所以能够给所有读者以共鸣，而读者也不必了解子由是谁、其为人如何。

综上，若词作自身的信息已明朗，便不必画蛇添足地拟题作序；若有拟题写序之必要，则题目应当直观，序言宜确切，二者均以简洁为上，至于词作本身，则不妨涵浑、朦胧、多义一些。

拿一首我创作的带序的小令示例。

菩萨蛮

序：小径闲行，槐香涌动，忽忆学生王澍习作《菩萨蛮·放学路上》，中有“狂招浓绿轻残絮，凉飙晴日呼归去。槐下闪遗花，迎风骑路牙”数句，其新鲜可爱，隔年仍觉不减。作小令，怀其人其时。

晴光一霎春来去，春心到了无凭据。小径爱徐行，好风送月明。

月来闲踏影，影上槐香冷。转忆故人诗，新鲜似旧时。

要在一首小令中解释“故人”指谁、如何“新鲜”，显然不可取，于是我将创作的缘起放在序言中交代。

个人认为，不需要题目与序言的词作，更有一种自足、无待之美。

练习

请翻阅词谱，为以下主题的词作各找出两个合适的词牌名：

思念亲朋

登高远望

临别赠言

确定体式，谋篇布局

（一）根据内容确定体式

从篇幅角度来说，词可分为令词（62 字以内）与慢词（63 字以上）。诗歌的字数，与其内容的多少、深浅、繁简直接相关。所以词作的长度，在某种程度上可看作其内容含量。在填词之初，用什么词牌未必能确定下来，这倒没关系，但是你的词打算填多长，自己心中是要有数的。

字数少的作品，往往内容更加简明，主旨与思想更易于把握，如欧阳炯的怀古词《江城子》。

江城子

欧阳炯

晚日金陵岸草平，落霞明，水无情。六代繁华，暗逐逝波声。空有姑苏台上月，如西子镜、照江城。

读这首小令，你会想到什么？金陵城见证了六朝的繁盛，也见证了六朝的衰颓与更迭，人类在天地间的一切功业，终会被大自然抹去，只剩下亘古不变的夕阳芳草、流水落霞、冷月寒鸦，辐照着历史的旧迹。人的有限性在历史与自然面前，就更加凸显了。

既然在短小篇幅中完成了表达，那么它的思想内容、意境营造、事件描叙、情感变化等方面自然是从简的，上面的《江城子》便是一例。

而同样是怀古词，苏轼的《念奴娇·赤壁怀古》就不可能写得这么简短。因为在这首词中，他要面对滚滚东流的长江感喟世代沧桑，他要问那史上辈出的英雄而今安在，他要给所游之赤壁以特写画面，他要追慕那功业早成的俊杰周瑜，他要追忆那场气壮山河的赤壁大战，最后他又要在神游后回到现实，慨叹自己功业未成而身老黄州，只能面对江月，一壶浊酒聊以遣怀……这首词内容丰富，情感复杂，层次感强，环环相扣，高潮迭起。要表现这样的内容，一首小令显然难以胜任，于是词人选择了《念奴娇》这样篇幅的慢词。

不难推想，本该写成令词的内容，若扩展成了慢词，则难免稀薄、枯冗；本该写成慢词的内容，若压缩成了令词，则难免密实、僵拙。

所以，要确定自己选用什么样的词体，关键看自己想表达的内容之丰厚、复杂程度。慢词写繁复之景与情，令词反之。

当然，可不要因为我这么说便厚此薄彼，认为词以繁复与长度取胜。小令慢词，各有优胜，形式合适于内容的词，才是最好的。

（二）根据体式确定笔法

这里说的笔法，即表现写作对象的手法，分简笔与繁笔两种。若对应于作画，就是简笔写意（寥寥数笔，勾勒神貌）与工笔描摹（精描细绘，层层设色）；若对应于写文章，则是略写与铺陈。譬如杜牧《阿房宫赋》中描写阿房宫“负栋之柱，多于南亩之农夫；架梁之椽，多于机上之工女；钉头磷磷，多于在庾之粟粒；瓦缝参差，多于周身之帛缕；直栏横槛，多于九土之城郭；管弦呕哑，多于市人之言语”，这就是铺陈的手法，把一件事物从各角度、各方面展开来写，使人目不暇接，其实其内容用一句话也能概括。显然，铺陈的好处是材料丰足，气势汹涌；略写的优势则是一语道破，短小精警。

在词作中，简笔与繁笔往往表现为白描与铺陈，像李清照的《如梦令》。

如梦令

李清照

昨夜雨疏风骤，浓睡不消残酒。试问卷帘人，却道海棠依旧。知否？知否？应是绿肥红瘦。

这里的“雨疏风骤”就是用简笔勾勒意象，属于典型的白描。“细雨湿流光”，是冯延巳笔下的雨，而李清照只用一“疏”字描摹，可谓至简。

比起“雨疏风骤”，周邦彦的《苏幕遮》，写景便精细得多了。

苏幕遮

周邦彦

燎沉香，消溽暑。鸟雀呼晴，侵晓窥檐语。叶上初阳干宿雨。水面清圆，一一风荷举。

故乡遥，何日去。家住吴门，久作长安旅。五月渔郎相忆否。小楫轻舟，梦入芙蓉浦。

再看柳永的《玉蝴蝶》。

玉蝴蝶

柳 永

望处雨收云断，凭阑悄悄，目送秋光。晚景萧疏，堪动宋玉悲凉。水风轻、蘋花渐老，月露冷、梧叶飘黄。遣情伤。故人何在，烟水茫茫。

难忘，文期酒会，几孤风月，屡变星霜。海阔山遥，未知何处是潇湘。念双燕、难凭远信，指暮天、空识归航。黯相望。断鸿声里，立尽斜阳。

其实柳永上片想表达的不外乎“秋光萧瑟，故人远隔”，可他却写得那样详明。“雨收云断”还算是简笔，而自“水风轻”起，词作意象何其丰富，笔触何等细腻！这样的繁笔，使作品内容丰满，意境完足，较之简笔，则更细腻动人。

综观以上三首词作，不难发现，随着词作篇幅的增加，词人工笔细描的文字开始变多。所以在慢词中，繁笔更为常用；而作令词时，宜以简笔为主，偶有细描，在整体上追求清简，这样才能让短小的篇幅为自己留出叙事、抒情的空间，同时又给读者以遐想的空间。

这就叫作根据体式确定笔法。

令词中简笔的使用不必多说，抓住事件主线或景物特征去勾勒即可，下面我们具体说说繁笔在慢词中的使用。

对长调的填充，好比给一件大房子做装修。毋庸置疑，要想营造氛围，房子里的物件是要多一些的，像刚才看到的《玉蝴蝶》，袅袅水风、泠泠月露、凋敝的蘋花、飘黄的梧叶，都属于特写，这些特写镜头合成了萧疏的秋景，悲秋之情也就蕴于其中了。作长调宜用繁笔摹写景物，营造意境。

不过，繁笔不等于啰唆，所以不能单求内容的“多”，同质、同类别的景物或事件，就不要堆砌。比如写了“蘋花渐老”，就不宜再写其他的花卉；写了“月露冷”，就不必再写“月光寒”。多角度、多侧面地写，才是真正的内容丰富，像柳永写杭州的《望海潮》，就是这样。

望海潮

柳 永

东南形胜，三吴都会，钱塘自古繁华。烟柳画桥，风帘翠幕，参差十万人家。云树绕堤沙，怒涛卷霜雪，天堑无涯。市列珠玑，户盈罗绮，竞豪奢。

重湖叠巘清嘉。有三秋桂子，十里荷花。羌管弄晴，菱歌泛夜，嬉嬉钓叟莲娃。千骑拥高牙。乘醉听箫鼓，吟赏烟霞。异日图将好景，归去凤池夸。

表面上看，这首词每句都是在写杭州的城市风光，而其实每句各有分工："云树"三句写钱塘江景，"市列"三句写城市之繁华富庶，"重湖"三句写西湖的自然风景，"羌管"三句又写西湖的人文风情……这就使得词作繁复而不烦琐，绵长而不冗长。

使用繁笔不仅要让材料丰富，还要让词作整体上充满层次与变化。像我们这节赏析过的苏轼的《念奴娇·赤壁怀古》，其中有写景、说理、抒情，有实写眼前景、虚写旧时景，有仰慕三国英雄、喟叹黄州迁客……层次不断得到延展与深化，整体上又顺理成章、浑然天成，其艺术性胜过了《望海潮》。

用繁笔以求细致、求丰满、求变化，是慢词创作的旨归。李清照的《声声慢》、辛弃疾的《永遇乐·京口北固亭怀古》皆是繁笔铺叙的典型，此处不再详解。

练　习

暂不考虑词牌与句式的限制，请你用简笔和繁笔分别去描写月色。

（提示：简笔只需抓住核心景物的特征，兼顾神形；繁笔则可从形、色、温度等实处入手，也可从典故、传说、风俗、联想等虚处入手。）

当然，还可以再以一盏茶、一枝花、一座桥、一处景观、一座城等作为写作内容。

（三）根据体式确定章法结构

词的体式根据篇幅可划分为令词和慢词，于是我们要因词制宜地选择或繁或简的笔法。若换个划分依据——根据片数划分，那么词又有单调、双调、三叠、四叠之别。后一种分类，又对创作分别有什么要求呢？

我们要关注词作的章法结构。

先说单调。

单调是由一片词构成的。它好比独幕剧，舞台空间较小，场景切换也少。同时，短短的一片就要把全部内容呈现出来，所以它有很强的独立性与完整性。

单调的叙事相对简练，如李清照的《如梦令》。

如梦令

李清照

常记溪亭日暮，沉醉不知归路。兴尽晚回舟，误入藕花深处。争渡，争渡，惊起一滩鸥鹭。

抒情也会比较直接，如白居易的《忆江南》。

忆江南

白居易

江南好，风景旧曾谙。日出江花红胜火，春来江水绿如蓝。能不忆江南？

写景则多是简笔，如苏轼的《望江南·超然台作》。

望江南·超然台作

苏 轼

春未老，风细柳斜斜。试上超然台上看，半壕春水一城花。烟雨暗千家。

再如温庭筠的另一首《忆江南》。

忆江南

温庭筠

梳洗罢，独倚望江楼。过尽千帆皆不是，斜晖脉脉水悠悠。肠断白蘋洲。

全词仅二十七字，前有关于思妇生活的记叙和描写，中间写所望之景，末句情景交融，整首词情、景、事都很明朗，同时各部分所占笔墨又不多，还能彼此交融，可谓单调中的佳作。

可见，单调既要讲究情、景、事等要素的交织融合，又要在整体上呈现出轻灵、简练的风貌。同时，单调往往篇幅短小，内容简单，我们要避免把它写得太直白，一旦景象与情感被写尽、说透，词就没有让人涵泳的余味了。

关于单调的创作练习，可从即景、咏物入手，下面举些实例。

2016年北京一次雨后出现双虹，颇为奇丽，令学生咏之。

十六字令　虹

虹。晨暮朝夕未见容。

招风雨，云过现晴空。

这首词重在论说虹的现象本身：平时不出现，风雨过后，云淡天青，则展露头面。用十六字的单调去说这一简单的现象，是很合适的。但不足之处在于，由于缺少精到的特征描写、深刻的思辨、新巧的表达，这首词整体显得比较单薄，而且画面的描写较少，词味儿也随着文字的完结而终止了。

荷叶杯 虹

雨打珠帘轻净，虹影，满春庭。

画楼如洗阒如染，云淡，彩光凝。

这首词语言清丽、节奏灵动，把彩虹出现的背景和过程交代得比较清楚，同时用“如染”“彩光”，将写作重点落在了虹的色泽上，这样就挺耐读。

十六字令 虹

虹。彩梦流光几色重。

东风起，旖旎却成空。

这首词的成功之处在于作者（当时是初二年级学生）不仅描写了虹的形态色泽，还写到了虹从“流光”到“成空”的变化，这一变化蕴涵“盛极必衰”的普遍规律，也符合人们“兴尽悲来”的心理历程，所以小词虽短，却有余韵，能够触动读者。

而我的咏虹，则偏重于说理，而且掺入了一些光学常识和佛家色即是空的思想。

十六字令 虹

虹。青黄表里白为宗。

晴光断，空色两相同。

可见，即景、咏物的单调虽短小，却毫不“单调”，可以着眼于其声色、形态、变化、哲理等不同方面，写得轻灵飘逸。

再说双调。

相比于单调，双调与古风、近体诗的区别更大，因为它的两片使词作有了自然的分层。填双调，要注意以下三点：一是每片的内容要相对完整、独立，二是两片之间要有内在的关联，三是上下片之间要有自然的过渡。

所以，上下片最理想的关系，是分工基础上的合作关系。

先说合作。词的上下两片要共同为创作的主题服务，彼此紧密关联，宛如一对玉璜拼成一块玉璧，如李清照的《醉花阴》。

醉花阴

李清照

薄雾浓云愁永昼，瑞脑消金兽。佳节又重阳，玉枕纱厨，半夜凉初透。

东篱把酒黄昏后，有暗香盈袖。莫道不消魂，帘卷西风，人比黄花瘦。

这首词写的是词人在重阳佳节百无聊赖的生活情态和对丈夫的思念。上片点明时节，下片的“东篱”“暗香”“西风”又暗暗回扣“佳节又重阳”，上片的“愁永昼”和下片的“销魂”也构成了对应关系。重阳佳节的寂寞与伤情，贯穿两片。少了任何一片，即使另一片的内容同样相对完整，情境的构建和情感的表达也不如原来充分了，这就体现出了合作的妙用。

两片属于同一主题，不代表两片的内容相同。像上面的《醉花阴》，上片是静景，下片则多动景；上片写昼与夜，下片写黄昏；上片渲染人所处的外部环境，下片塑造环境中的人物形象。

两片在内容上明显是各有侧重的，它们在形式上是重章，内容上却不重复，成功的双调必得益于两片的分工。

分工的形式有很多。从时间维度上分，可以是上片写昔，下片写今，如欧阳修的《生查子》。

生查子

欧阳修

去年元夜时，花市灯如昼。月上柳梢头，人约黄昏后。

今年元夜时，月与灯依旧。不见去年人，泪满春衫袖。

当然，也可以是上片写今，下片写昔，如晏几道的《临江仙》。

临江仙

晏几道

梦后楼台高锁，酒醒帘幕低垂。去年春恨却来时。落花人独立，微雨燕双飞。

记得小蘋初见，两重心字罗衣。琵琶弦上说相思。当时明月在，曾照彩云归。

上下片也可以分写不同的空间，如周邦彦的《苏幕遮》。

苏幕遮

周邦彦

燎沉香，消溽暑。鸟雀呼晴，侵晓窥檐语。

叶上初阳干宿雨。水面清圆，一一风荷举。

故乡遥，何日去。家住吴门，久作长安旅。五月渔郎相忆否。小楫轻舟，梦入芙蓉浦。

这位“京华倦客”，上片写自己所客居的他乡夏景，而下片的重点则随着乡情转到了“吴门”，写家乡的渔郎与那荷花遍野的水乡。

上下片还可以从不同角色的角度去写。譬如上片写游子，下片写思妇，如欧阳修的《踏莎行》。

踏莎行

欧阳修

候馆梅残，溪桥柳细。草薰风暖摇征辔。离愁渐远渐无穷，迢迢不断如春水。

寸寸柔肠，盈盈粉泪。楼高莫近危阑倚。平芜尽处是春山，行人更在春山外。

从内容上分，可以是上片主写景，下片主叙事言情，如李煜的两首《相见欢》。

相见欢

李　煜

一

无言独上西楼，月如钩。寂寞梧桐深院锁清秋。

剪不断，理还乱，是离愁。别是一般滋味在心头。

二

林花谢了春红，太匆匆。无奈朝来寒雨晚来风。

胭脂泪，相留醉，几时重。自是人生长恨水长东。

那么我们能不能上片主言情，下片主写景呢？理论上是可以的，但其艺术效果往往会打折扣。这是因为先情后景的写作顺序，既背离了诗家托物起兴的创作传统，又不符合人触景生情的心理机制，况且没有了景色的烘托，情感的抒发总是显得缺少依凭而突兀。进一步讲，若是抒情完毕再大段写景，会让作品显得头重脚轻，笔力不均（除非你要刻意制造情感的突入效果，以强调情之浓重难抑）。总之上片情、下片景的章法相对少见，也不适合初学者尝试。

佳作的两片不仅体现情景、时间或空间的变化，更体现事理逻辑、情感逻辑的发展，如李之仪的《卜算子》。

卜算子

李之仪

我住长江头，君住长江尾。日日思君不见君，共饮长江水。

此水几时休，此恨何时已。只愿君心似我心，定不负相思意。

上片将二人的情感凝结在了共饮的江水上，而下片则顺着江水写起，是对上片内容的继承和展开。两片之间似断实连，呈现出水穷云起之美。

而苏轼的《江城子》在悼亡时——

江城子

苏　轼

十年生死两茫茫，不思量，自难忘。千里孤坟，无处话凄凉。纵使相逢应不识，尘满面，鬓如霜。

夜来幽梦忽还乡，小轩窗，正梳妆。相顾无言，惟有泪千行。料得年年肠断处，明月夜，短松冈。

上片写现实中的哀思，下片写梦境中的相会，这属于内容上的分工，同时也符合“日有所思、夜有所梦”的逻辑，两片可谓既断且连，断得分明，连得巧妙。

最后看吕本中颇为别致的一首《采桑子》。

采桑子

吕本中

恨君不似江楼月，南北东西，南北东西，只有相随无别离。

恨君却似江楼月，暂满还亏，暂满还亏，待得团圆是几时？

上片从明月随人的角度，恨君不能如同明月常伴我左右；下片从明月一夕如环、夕夕常缺的角度，恨君如明月一般与我聚少离多。同一种情思寄托于同一个意象，却从两种不同的角度去表达，上片正写，下片反写，呈现出双莲并蒂之妙。

所以，不同于单调的轻灵飘逸，双调的美来自结构的工稳与内容的匀齐：上下两片在内容和写法上各有倚重，又彼此呼应。上有铺垫，则下有展开；前有一往无前的奔腾，后则须欲开还敛的回旋。

最后说说三叠与四叠。

三叠与四叠的词相对较少，我们可借鉴双调的写法，在此不做展开。总之，一方面，多片的词作，更要充分利用好分片带来的结构优势，使词作有铺垫、有发展、有高潮、有跌宕。另一方面，字数越多，越要展现出思想之深。创作三叠、四叠时，要让思想感情向深沉、凝重处走。

要注意，填写两片及以上的词时，第二、三、四片的首句宜在内容上体现出与上一片的关联，从而提升词作的整体感。

词的句法

在讲句法之前，我想先同大家探究一下词的句式带来了哪些美感。

整齐的句式使近体诗呈现工稳端庄之美，情感和意象是被打磨后熔铸在整齐的诗句中的，其句式的美感如同克己复礼的士大夫，尽显刚正弘毅；古风的句式自由一些，这就给了作品一定的情感弹性和表现张力，时而四平八稳，时而狂放不羁，时而又诙谐跳脱，那种句式的美感像是属于剑客、游侠的，潇洒恣肆，充满着自由和爆发力。那么词呢？

词的句式如美人仙子，时而温婉婀娜，从容大方，时而调皮妩媚，古灵精怪。可谓变幻无穷，仪态万方。

之所以这么说，是因为比起近体诗和古风，词的句式变化丰富了太多：长句的连用使词作气势奔涌，短句的连用使词作紧凑顿挫，而一首词中长短句的交织，更使词作飘逸多姿，生出“大珠小珠落玉盘”的交叠错落之美。

说词的抒情性比诗更强，这也得益于词的句式：长短句的结合，使词作的语言更接近人的生活语言，那么情感的表达也就少了些人工的雕饰。举两个例子，李清照《一剪梅》中说“此情无计可消除，才下眉头，却上心头”，后面的八个字非常口语化，接近人的生活语言，所以读来清新动人；“君泪盈，妾泪盈，罗带同心结未成，江头潮已平”（林逋《长相思》），前两句就直接表现出那种愁肠百结的绮怨，若把这些情绪放在近体诗中表达，是很难写得如此自然的。进一步讲，句子的长短，与情感本身也有联系：长句情感抒发得畅爽，短句的情感表达就相对凝重、收敛……

词多变的句式，恰如词人流动、鲜活的情感状态；近体诗读起来更像表演，词读起来更像诉说。

词的句法，这里指对词作句子的加工和运用方法。加工要基于句子的本体特征：像近体诗，属于齐言句式，所以我们对它的加工主要体现为使上下句对仗；词是长短句，加工方法会更丰富些。

对词句的加工主要有三种途径，一是调整语序，二是使用修辞，三是运用领字。此外还可以巧用问句。

（一）调整语序

调整语序，其实就是出于符合格律、强调内容等目的，调整字词的位置，改变词句的自然语序，比如李清照的《凤凰台上忆吹箫》：“香冷金猊，被翻红浪，起来人未梳头。”翻译过来是：“铸有狻猊提钮的铜炉里，熏香已经冷透，红色的锦被乱堆在床头，如同波浪一般，我也无心去收。早晨起来，懒洋洋不想梳头。”“香冷金猊”是“香于金猊中冷”，“起来人未梳头”是“人起来未梳头”，此处的语序显然是经过诗化处理的，这样的句子也更耐品读。

其实调整语序并非词家绝技，诗人也这么做。杜甫《秋兴八首》中的名句“香稻啄余鹦鹉粒，碧梧栖老凤凰枝”即可看作对语序的加工，“啄”“栖”的主语“鹦鹉”“凤凰”被置于动词后，而宾语“香稻粒”“碧梧枝”竟被从中打散，位于句子的首尾，不可谓不奇。

我在一首《鹧鸪天》里也调整过语序：“石阶洗净寒波碧，木盏添浑腊酒黄。”谓语原地不动，将主语置后、宾语提前，形成由果及因的句序，同时让寒波、腊酒分别靠近碧、黄，又构成寒波碧、腊酒黄的主谓结构短语。

这种刻意变动语序的句法不算常见，少用则词句横生新意，多用则词句拗口晦涩。词作可追求机巧，但不应妨害其天成之美。修辞和领字的使用才是我们要重点讲解的。

（二）使用修辞

词作句式方面的主要修辞手法，是复叠和对仗。

1. 复叠

重复诗句，是近体诗的大忌，古风中也不多，但在填词时却成了常用手法。这里说的复叠，可细分为两种不同的修辞：第一种是叠句，即两句完全相同；第二种是复沓，即两句的部分内容发生了变化，但大体相同。

叠句如李清照的《添字丑奴儿》。

添字丑奴儿

李清照

窗前谁种芭蕉树，阴满中庭。阴满中庭。叶叶心心，舒卷有余情。

伤心枕上三更雨，点滴霖霪。点滴霖霪。愁损北人，不惯起来听。

晏几道的《长相思》则将叠句用得更充分。

长相思

晏几道

长相思，长相思。若问相思甚了期，除非相见时。

长相思，长相思。欲把相思说似谁，浅情人不知。

首先，叠句靠内容的重复来实现表达的强化，晏几道的《长相思》强化抒情，李清照的《添字采桑子》则强化意境，渲染氛围；其次，重章叠唱的咏叹风格，使词句循环回荡，富于声韵美。

复沓的手法则如白居易的《长相思》。

长相思

白居易

汴水流，泗水流，流到瓜州古渡头。吴山点点愁。

思悠悠，恨悠悠，恨到归时方始休。月明人倚楼。

又如纳兰性德的《采桑子》。

采桑子

纳兰性德

谁翻乐府凄凉曲？风也萧萧，雨也萧萧，瘦尽灯花又一宵。

不知何事萦怀抱，醒也无聊，醉也无聊，梦也何曾到谢桥。

复沓往往比叠句的艺术效果更强：首先，词句通过重复，保持了融咏叹、渲染、强调于一体的声情之美；其次，它又通过部分字词的改换，推动了作品内容的发展——复沓的两句可以是并列关系（如上面的“风也萧萧，雨也萧萧，瘦尽灯花又一宵”）、承接关系（如毛泽东的《采桑子·重阳》“岁岁重阳，今又重阳，战地黄花分外香”）、递进关系（如《采桑子·重阳》中的“不似春光，胜似春光，寥廓江天万里霜”）、转折关系（如纳兰性德的另一首《采桑子》“惆怅离情，莫说离情，但值良宵总泪零”）等等。

叠句与复沓，使律诗的禁忌反倒成了词作写景抒情的长处，信可乐也。哪些词牌爱用复叠的修辞，词作常在什么部位发生复叠呢？这就没有答案了，因为词牌并不规定哪几句要复叠，我们只能多读古人词作，自己去发现他们在什么词牌中有此习惯。其中，《长相思》、《采桑子》和《调笑令》，就属于特别典型的。要有针对性地训练叠句与复沓技法，不妨就从这几个词牌入手。

不过《调笑令》更有难度，如戴叔伦的下面这首。

调笑令

戴叔伦

边草，边草，边草尽来兵老。山南山北雪晴，千里万里月明。明月，明月，胡笳一声愁绝。

这首词在两处发生了复叠，同时第二处（明月）又必须是前一句句末的两个字颠倒过来。此后的《调笑令》也一直保持着这样的创作习惯，想要写得出色，有一定难度。

2. 对仗

词句的对仗与诗句有同有异。

相同之处为，词可以用工对（对应的两部分词类相当，结构相应，节奏相同），也可以用宽对（结构相应，节奏相同，但词类不尽相同，如岳飞墓楹柱上的“青山有幸埋忠骨，白铁无辜铸佞臣”，“山”和“铁”就是词性相同但词类不同的词，前者属地理类，后者属器物类）。像晏几道《临江仙》中的“落花人独立，微雨燕双飞”，便是词句中的对仗。当然，很多人并不知道，这两句其实是直接取用了唐代翁宏的五律《春残》之颔联，可见近体诗的对仗手法可以直接运用到填词中去。

但词与诗的对仗又有很多不同之处。

第一，对仗之句在词中的位置不似在近体诗中那般固定。近体诗一般是颔、颈联对仗，词则很少规定在何处必须对仗。一般来说，齐言或准齐言体式的词，词人往往倾向于在词的中间部分对仗，比如辛弃疾的《鹧鸪天》。

鹧鸪天

辛弃疾

晚日寒鸦一片愁，柳塘新绿却温柔。若教眼底无离恨，不信人间有白头。

肠已断，泪难收。相思重上小红楼。情知已被山遮断，频倚阑干不自由。

“若教”两句就用了对仗，“肠已断，泪难收”也用了对仗，由此可见词的对仗习惯是受诗律影响的。

第二，词中对仗的句子字数不一定是五言或七言。像刚才的“肠已断，泪难收”就是三言对仗，四言（如“香冷金猊，被翻红浪”）、六言（如张炎的《清平乐》“茸茸春草天涯，涓涓野水晴沙”）的对仗也是很常见的。换言之，只要字数相同，就可以对仗。

第三，词句的格律主要是由词牌来决定的，所以对仗句子的平仄不一定相反。相反的如“落花人独立，微雨燕双飞”，相近的如“人有悲欢离合，月有阴晴圆缺”。

第四，词中对仗之句可以有语词的重复。像“人有悲欢离合，月有阴晴圆缺”，“有”字出现了两次，被刻意强调，近体诗则不允许这样的现象。我们讲过的复沓手法，其实就可以理解成词的特殊对仗，如“风也萧萧，雨也萧萧”“汴水流，泗水流”。

复沓手法的对仗可细分为三种情况。像“汴水流，泗水流”这种对仗，有个非常形象的名字，叫作“丫字对”，“丫”字形象地体现出两句换头不换尾的形式。

那换尾不换头的对仗叫什么呢？叫“人字对”。如向子諲《忆秦娥》中的“无边烟水，无穷山色”，又如辛弃疾《行香子》中的“算不如闲，不如醉，不如痴”。

而第三种情形，叫作“工字对”，顾名思义，两句是换头又换尾，但中间不变，如“我住长江头，君住长江尾”，又如李清照的《行香子》末句“闻砧声捣，蛩声细，漏声长”。

第五，词的对仗可以不止于两句。上面几首《行香子》，就是三句对仗，鼎足而三，故也称作“鼎足对”。鼎足对中的语词有重复的如“砧声捣，蛩声细，漏声长”，无重复的如辛弃疾《水龙吟》中的“绿野风烟，平泉草木，东山歌酒”。

另外一种对仗情况是，一组词句 A 由两小句（a1＋a2）构成，小句间互不对仗，另一组词句 B 由两小句（b1＋b2）构成，小句间亦不对仗，但把两组词句放在一起，则 a1 与 b1、a2 与 b2 分别对仗，于是词句 A 与 B 也构成了对仗，这种叫作隔句对，也叫作扇面对。骈文中常用隔句对，如“渔舟唱晚，响穷彭蠡之滨；雁阵惊寒，声断衡阳之浦”（王勃《滕王阁序》）。在词中，柳永《玉蝴蝶》中的“水风轻、蘋花渐老，月露冷、梧叶飘黄”，就是隔句对。

《沁园春·雪》中也有不少隔句对。

沁园春·雪

毛泽东

北国风光，千里冰封，万里雪飘。望长城内外，惟余莽莽；大河上下，顿失滔滔。山舞银蛇，原驰蜡象，欲与天公试比高。须晴日，看红装素裹，分外妖娆。

江山如此多娇，引无数英雄竞折腰。惜秦皇汉武，略输文采；唐宗宋祖，稍逊风骚。一代天骄，成吉思汗，只识弯弓射大雕。俱往矣，数风流人物，还看今朝。

A 句［秦皇汉武（a1），略输文采（a2）］与 B 句［唐宗宋祖（b1），稍逊风骚（b2）］是对仗关系。

词句的对仗句法大体如上，与诗相比，异多于同，精彩纷呈。我们不妨把每一种都试一试。

练　习

创作一组对仗的三字句：

创作一组对仗的四字句：

创作一组丫字对：

创作一组人字对：

创作一组工字对：

创作一组鼎足对：

创作一组隔句对：

（三）运用领字

回到刚才的《沁园春·雪》：

望长城内外，惟余莽莽；大河上下，顿失滔滔。

惜秦皇汉武，略输文采；唐宗宋祖，稍逊风骚。

我们发现，这两处隔句对之前的“望”字和“惜”字，并不在对仗关系内，那么它们是什么呢？

它们在词中被叫作“领字”。

一个词或短语，在一首词中带出一句或数句，在内容和结构上统领下文，这就是领字。像《沁园春·雪》中，“长城内外，惟余莽莽；大河上下，顿失滔滔”这两句都是领字“望”的对象，“秦皇汉武，略输文采；唐宗宋祖，稍逊风骚”两句都是词人“惜”的内容。一个字领起两个长句，有点“双龙戏珠”的味道。

领字还有什么作用呢？

第一，领字可以领起多句，展开铺叙。作诗时，每一联都应有相对完整的内容，不宜把本联表达的主题拖到下一联中；而在词（尤其是慢词）中，可以很多句共写同一主题，《沁园春·雪》便是例证。

第二，领字的辐射范围较广，故能使之后的几句在结构和内容上都更加紧凑。像李清照《行香子》中的“砧声捣，蛩声细，漏声长”，都是词人“闻”的内容，三者并非一盘散沙，而似一串珍珠，被并列的逻辑关系串联着。

第三，词中的领字，还能起到承上启下、摇筋转骨的作用。如吴文英的《风入松》中，“黄蜂频扑秋千索，有当时、纤手香凝”，黄蜂为何围绕着秋千飞舞呢？是因为秋千上有美人纤纤素手所留下的余香，“有”字就是承上启下的领字。柳永的《八声甘州》“对潇潇暮雨洒江天，一番洗清秋。渐霜风凄紧，关河冷落，残照当楼”中，前言秋雨潇潇，后说霜风凄紧、关河冷落，其实前后是有因果关系的，而这种潇潇秋雨带来的变化，就由领字“渐”来带出。再看秦观的《满庭芳》：“雾失楼台，月迷津渡。桃源望断无寻处。可堪孤馆闭春寒，杜鹃声里斜阳暮。”既然已处于“桃源望断无寻处”的低迷情绪中，又哪里能够忍受得了孤馆闭春寒、斜阳啼杜鹃的悲凄景象呢？这里的领字“可堪”，使情境和情绪又推进了一层，由凄迷走向了凄厉，可见领字还能推动词作层次的发展和情感的深化。

第四，若领起末句，领字会使词作摇曳多姿。《行香子》可为典范：苏轼云“对一张琴，一壶酒，一溪云”，秦观云“正莺儿啼，燕儿舞，蝶儿忙”，张先云“奈心中事，眼中泪，意中人”。读来恰如折扇展骨、金鱼摆尾、孔雀开屏，其美如斯！

第五，领字能有力地凸显动作、情感或心理变化。如陈亮的《水龙吟》。

水龙吟

陈　亮

闹花深处层楼，画帘半卷东风软。春归翠陌，平莎茸嫩，垂杨金浅。迟日催花，淡云阁雨，轻寒轻暖。恨芳菲世界，游人未赏，都付与、莺和燕。

寂寞凭高念远。向南楼、一声归雁。金钗斗草，青丝勒马，风流云散。罗绶分香，翠绡封泪，几多幽怨。正销魂，又是疏烟淡月，子规声断。

像“恨芳菲世界”的“恨”，就把情感表达得很直接；“向南楼”的“向”也非常有力度；“正”字在情理上承接“幽怨”与“销魂”；而“又是”二字，则如秦观的“可堪”，把情感又往高潮推了一层。

由上可见，领字的艺术效用甚大甚广。在填慢词时，我们更要利用好领字。这是因为慢词的篇幅长，无领字则结构松散，而且慢词的内容丰富，情感复杂，领字能很好地收纳内容、表现情感及变化历程。词作能否引人入胜，在一定程度上要看领字用得是否到位。当然，领字须善用，不宜滥用。

领字有实词，也有虚词，有平声，也有仄声，而且仄声居多，其中去声尤多。仄声置于句首，更能起振全句的气势和精神。

我们简单归纳一下常见的领字。

一字之领字：看、望、正、恨、但、更、算、况、尽、叹、乍、待、怕、问、笑、惜、纵、料、忆、莫、奈、总、爱、念、近、却、有、对、渐、当、甚、怎、恁、须、这、似、未、已、应、方、凭、若、怅、嗟、将……

二字之领字：漫道、莫道、休说、争教、又是、正是、最是、最怕、为怕、何况、恰似、试问、试看、可堪、那堪、不妨、应是、料得……

三字之领字，往往是以上两种领字的组合，如：却又是、更能消、更那堪、不如向、终不似、浑不似……

练 习

(1) 找出下面两首慢词中的领字。

扬州慢

姜 夔

序：淳熙丙申至日，予过维扬。夜雪初霁，荠麦弥望。入其城，则四顾萧条，寒水自碧，暮色渐起，戍角悲吟。予怀怆然，感慨今昔，因自度此曲。千岩老人以为有“黍离”之悲也。

淮左名都，竹西佳处，解鞍少驻初程。过春风十里，尽荠麦青青。自胡马窥江去后，废池乔木，犹厌言兵。

渐黄昏，清角吹寒，都在空城。

杜郎俊赏，算而今、重到须惊。纵豆蔻词工，青楼梦好，难赋深情。二十四桥仍在，波心荡、冷月无声。念桥边红药，年年知为谁生？

念奴娇

张孝祥

洞庭青草，近中秋，更无一点风色。玉界琼田三万顷，着我扁舟一叶。素月分辉，明河共影，表里俱澄澈。悠然心会，妙处难与君说。

应念岭表经年，孤光自照，肝胆皆冰雪。短发萧骚襟袖冷，稳泛沧浪空阔。尽挹西江，细斟北斗，万象为宾客。扣舷独啸，不知今夕何夕。

（2）试写些带有领字的词句，可以不限格律和句式。

（四）词的问句

词句的加工，主要是从语序、修辞和领字三方面下功夫，如果再补充一点，那就是巧用问句，增设波澜。

人总是有疑而问，疑惑又往往来自不舍、不甘、不平、不愿……所以问句的情感相对更深重。词中之问，可视为一笔浓墨。

在词首发问，能将全词的情绪和气势托起，如：“百年复几许？慷慨一何多。”（张惠言《水调歌头》）在词中发问，能为全词添设一重高潮，如："靖康耻，犹未雪；臣子恨，何时灭？"（岳飞《满江红》）在词尾发问，能为作品宕出开放式的空间，令人生出无限遐想与感慨，如："凭谁问，廉颇老矣，尚能饭否？"（辛弃疾《永遇乐》）

词中发问，可以有问有答，如："问君能有几多愁？恰似一江春水向东流。"也可以只问不答，如："碧海年年，试问取、冰轮为谁圆缺？吹到一片秋香，清辉了如雪。"（纳兰性德《琵琶仙》）

"问"与"答"是抒情的两面（"不答"何尝不是一种"答"?）。词之抒情贵在深婉含蓄，这含蓄之美往往体现在"答"的语言上。"答"要做到"似答而非答"，也就是说，答语在内容上回应了发问，但又不直接回应。比如欧阳修的"庭院深深深几许?"，不以几丈几尺来答，而云"杨柳堆烟，帘幕无重数"（《蝶恋花》），深度没有被量化，而被视觉化了；又如贺铸的"试问闲愁都几许?"，不以"无穷无尽"来答，而云"一川烟草，满城风絮，梅子黄时雨"（《青玉案》），用三类无穷无尽的意象去寓示"无穷无尽"；再如纳兰性德的"一往情深深几许？深山夕照深秋雨"（《蝶恋花》）更是如此，此情有多深呢，词人的答句给读者带来的感受极其丰富、深远。

词的发问很重要，但更重要的是，发问之后如何写下去。

练　习

试为下列问句创作答句，可不限格律与句式。

春归何处？

故人何在？
何处寻行迹？
今夜相思几许？
千古兴亡多少事？
此情默默同谁语？
问君西游何时还？

善用词韵

“无韵不成诗”，押韵是中国古典诗歌的传统。不同于语言学意义上的一整句，中国诗歌意义上的一整句，以韵脚为标志，韵脚意味着句子的完结，也意味着唱诵时的拖长和唱诵后的停歇。因此，诗歌的韵脚无论从内容上还是从声响效果上来讲，都被表现得最充分。

至于词的韵脚，不但不例外，而且更甚于诗，因为它同时还常是乐句的完结，于是我们更应对词的择韵加以重视。

词作押韵的规则，我们已经讲过，现在我们讲讲如何通过押韵，使词作呈现以韵传情、“声情并茂”的艺术效果。

首先是细择韵部。词谱只规定了某处须押平声或仄声韵，但并没规定押哪个韵部，我们可以自主选择。为什么有“选择”的必要呢？这是因为，不同韵脚给人的听觉感受是不一样的，传递出的情绪状态也有差异。有的韵部，其声响效果可能更加符合你作品的情绪，那么你应当优先考虑它。关于韵与情的关系，王易在《词曲史》中已有概括：

东董宽洪，江讲爽朗，支纸缜密，鱼语幽咽，佳蟹开展，真轸凝重，元阮清新，萧筱飘洒，歌哿端庄，麻马放纵，庚梗振厉，尤有盘旋，侵寝沉静，覃感萧瑟，屋沃突兀，觉药活泼，质术急骤，勿月跳脱，合盍顿落，此韵部之别也。此虽未必切定，然韵切者情亦相近，其大较可审辨得之。

在行家看来，“江”韵部“爽朗”，如“老夫聊发少年狂，左牵黄，右擎苍”（苏轼《江城子·密州出猎》）；“侵”韵部“沉静”，如“背灯和月就花阴，已是十年踪迹十年心”（纳兰性德《虞美人》）。词人择韵，如朱子辉先生所说：“严格地说，并不是在选择一种情感，是在选择一种情感表达的风格。”

有些人认为探讨韵脚的声响色彩玄乎其玄，似无科学依据，其实不然。“江”和“侵”尽管发音时振动频率相同，但开口度、发声部位、发力方法都是不同的。这正如同样一个“do”，用钢琴弹出来沉稳，用提琴拉出来细腻，用竖琴拨出来空灵，用琵琶奏出来盈润……那么，不同韵部带给我们的感受又怎么可能一样呢？我们填词择韵时又怎能不细细品味推敲呢？

其次是细择韵调。“平声平道莫低昂，上声高呼猛烈强，去声分明哀远道，入声短促急收藏。”（释真空《玉钥匙》）“低平”“猛烈”“哀远”“急促”可以用于归纳平、上、去、入四类声调的特征，所以词的声调也是跟情感色彩有关联的。不妨结合实例去看。

声声慢

李清照

寻寻觅觅，冷冷清清，凄凄惨惨戚戚。乍暖还寒时候，最难将息。三杯两盏淡酒，怎敌他、晚来风急？雁过也，正伤心，却是旧时相识。

满地黄花堆积。憔悴损，如今有谁堪摘？守着窗儿，独自怎生得黑？梧桐更兼细雨，到黄昏、点点滴滴。这次第，怎一个愁字了得！

该词押入声韵，短促的入声韵既适合表现抗金英雄“笑谈渴饮匈奴血”的果决刚毅，又适合表现南渡词人“凄凄惨惨戚戚”的悲咽，词人满腹凄楚和哽咽难言的情状跃然纸上。

浣溪沙

晏　殊

一曲新词酒一杯，去年天气旧亭台。夕阳西下几时回？无可奈何花落去，似曾相识燕归来。小园香径独徘徊。

时光轮转，春秋代序，人却难免在静好的岁月中悄悄走向衰老，全词充满上层文人的闲逸，但又被淡淡的哀情和怅惘笼罩着。这种“乐而不淫，哀而不伤”的情致，更适合用平声韵脚来传递。

下面是我结合前人的论断列出的声情关系简表。这种概括相对抽象，也难免泛化，但或许对择韵有些帮助。

声调	声效	情绪色彩	适合表达的情感
平声	平缓	舒展、深长	忧伤、平和、缠绵、凄凉……
上声	强劲	凝重、饱满、婉转	愁苦、喜悦、豪迈、凄婉……
去声	强劲	深沉、浓烈、激越	哀叹、悲怨、寂寞、愤懑……
入声	短促	强烈、果决、压抑	急切、悲抑、刚毅、决绝……

诗韵的声与诗人的情相关，同时，词又比诗韵部更宽、韵类更多、押韵形式更丰富，这就使词在抒情上具备更大的优势。转韵的词最能体现这一优势，如秦观的《减字木兰花》。

减字木兰花

秦　观

天涯旧恨，独自凄凉人不问。欲见回肠，断尽金炉小篆香。

黛蛾长敛，任是春风吹不展。困倚危楼，过尽飞鸿字字愁。

一句一韵，两句一换韵。起首直言“恨”，远隔天涯、独自凄凉，不胜悲怨；继而词风低婉，以物寓情，愁肠百结，万转千回；进而眉头紧锁，情思郁结，愁苦愈深；最后高楼倦倚，相思无凭，任鸿雁长飞，触动着万般的失落与无奈。情绪是强—弱—强—弱，风格是刚—柔—刚—柔，笔法是直—曲—直—曲，韵脚是仄—平—仄—平。声韵与情感相得益彰，以韵传情、“声情并茂”，此之谓也。

最后我们再说说词的押韵习惯。

第一，一般情况下，词的韵脚之间要避免同音，更要避免同字，否则诗词显得缺少变化，会令读者审美疲劳。

第二，词韵有使用重字的特殊情况，包括复叠和独木桥体（又称福唐体）两种。复叠的句法我们已经讲过，后一种情况见黄庭坚的《阮郎归·作茶词》。

阮郎归·作茶词

黄庭坚

烹茶留客驻金鞍。月斜窗外山。别郎容易见郎难。有人思远山。

归去后，忆前欢。画屏金博山。一杯春露莫留残。与郎扶玉山。

这首词刻意使用大量相同的韵脚，“独木桥体”这一名称很形象。独木桥体用到极致，就是全词韵脚皆为一个字，如蒋捷的《声声慢·秋声》。

声声慢·秋声

蒋　捷

黄花深巷，红叶低窗，凄凉一片秋声。豆雨声来，中间夹带风声。疏疏二十五点，丽谯门、不锁更声。故人远，问谁摇玉佩，檐底铃声。

彩角声吹月堕，渐连营马动，四起笳声。闪烁邻灯，灯前尚有砧声。知他诉愁到晓，碎哝哝、多少蛩声。诉未了，把一半、分与雁声。

独木桥体别有一番意趣。

第三，古人常用填词的方式来酬答唱和。A君填一首词，B君也填一首，此时B君常用与A君相同的词牌和韵脚，这种写法叫作步韵，也叫作次韵。范例如下。

水龙吟·杨花

章 楶

燕忙莺懒芳残，正堤上柳花飘坠。轻飞乱舞，点画青林，全无才思。闲趁游丝，静临深院，日长门闭。傍珠帘散漫，垂垂欲下，依前被风扶起。

兰帐玉人睡觉，怪春衣雪沾琼缀。绣床渐满，香球无数，才圆却碎。时见蜂儿，仰粘轻粉，鱼吞池水。望章台路杳，金鞍游荡，有盈盈泪。

水龙吟·次韵章质夫杨花词

苏 轼

似花还似非花，也无人惜从教坠。抛家傍路，思量却是，无情有思。萦损柔肠，困酣娇眼，欲开还闭。梦随风万里，寻郎去处，又还被莺呼起。

不恨此花飞尽，恨西园落红难缀。晓来雨过，遗踪何在？一池萍碎。春色三分，二分尘土，一分流水。细看来不是、杨花点点，是离人泪。

次友人之韵，既显水平与才情，又显主题和情谊。待他日填词小有火候，读者不妨与友人酬答唱和，共味古人之雅趣。

词的其他技法

本部分包括词句中的平仄处理、用典、回文词三部分。先说词句的平仄处理。

决定词中每一个字音长短高低的根本要素是音乐，但是词句的平仄形态又接近近体诗，这是因为优秀的词人大多是文人出身，平平仄仄、仄仄平平的音律也符合他们的创作习惯。词谱中有很多地方是可平可仄的，这些地方若借鉴诗律，读起来会更有美感。例如：

采桑子

朱敦儒

扁舟去作江南客，旅雁孤云。万里烟尘。回首中原泪满巾。

碧山对晚汀洲冷，枫叶芦根。日落波平。愁损辞乡去国人。

中间四字句的格律，在词谱上的标示都是“中仄平平”，但“中”处更宜用平声还是仄声呢？从诵读的角度来讲，当然是仄声。显然，“旅雁孤云”会比“鸿雁孤云”更好听，“万里烟尘”会比“千里烟尘”更好听，而“枫叶芦根”的枫字是平声，所以这句读起来就稍稍逊色。像本词每片的首句，第一个字虽平仄不拘，但若第三个字为仄声，第一个字也是仄声，两仄夹一平，如“碧山对晚汀洲冷”，便稍逊于“扁舟去作江南客”的听觉效果。

将要求放宽一些的话，只需严守词谱中必须为平或必须为仄的地方就可以了。为什么要严守呢？因为按词谱规定去填，至少能构拟出与音乐风格相近的声韵特征。像《兰陵王》这样乐音高亢、情感激昂的笛曲，最后几句是要保持在高音上的（古音中平声低，仄声高），因此最后两句连用仄声，词谱明确标示为“仄仄仄，仄仄仄”。周邦彦的《兰陵王》结句就是“似梦里，泪暗滴”。

对于初学者，我们可以将要求再放宽一些：词作大体合律即可。对于出律的地方应加以注意，但若暂时还改不好，也大可先放一放。

接下来说词的用典问题。

中国历史悠久，文化底蕴丰厚，大量史实、传说、成语等文化要素凝结在文学作品中，它们被叫作典故。而用典，就是指引用典籍中的故事或字句的一种手法。

早期的词作是不含什么典故的，它们主要流行于民间，或供文人宴饮娱乐，特点是浅白易懂。换个角度想想，要是歌词满是典故，反倒增加了理解上的难度，不利于其流播。

而自从以苏轼为代表的文人“以诗法入词”后，词所涉及的题材和领域就更广泛了，近体诗中常见的用典手法，也被移植进了词里。更何况，用典还能使词作语言精练、内容丰满、抒情含蓄，更具文学性和艺术价值，深受文人喜爱，这种艺术取向的变化正如周济所说：“北宋主乐章，故情景但取当前，无穷高极深之趣。南宋则文人弄笔，彼此争名，故变化益多，取材益富。”（《宋四家词选目录序论》）用典是宋词发展到一定阶段的必然现象，辛弃疾的《永遇乐·京口北固亭怀古》更是把典故运用到了极致。

永遇乐·京口北固亭怀古

辛弃疾

千古江山，英雄无觅，孙仲谋处。舞榭歌台，风流总被、雨打风吹去。斜阳草树，寻常巷陌，人道寄奴曾住。想当年、金戈铁马，气吞万里如虎。

元嘉草草，封狼居胥，赢得仓皇北顾。四十三年，望中犹记、烽火扬州路。可堪回首，佛狸祠下，一片神鸦社鼓！凭谁问、廉颇老矣，尚能饭否？

这首怀古词先后用了孙权（孙仲谋）抗曹、刘裕（寄奴）北伐、宋文帝仓促北伐、北魏太武帝拓跋焘乘师南下重创宋文帝、赵王意欲起用年迈的廉颇而派遣使者探望廉颇等典故，表达了自己北伐的决心和同时反对草率北伐的主张，以及南归之后英雄空老、不受重用的忧愤。用典使得词作的内容含量更大、文学气息更浓厚、情感更沉郁，令人叹为观止。然而这样的词作有一点美中不足，就是当听众或读者没有相当好的文史基础时，便很难领会词作的深意，典故越多，其流传的圈子也就越窄。（当然，辛弃疾的《永遇乐》也不是为了写给百姓当流行歌曲听的，而是说给自己和知己听的满腹心事。）

那么我们今天填词，如何看待用典问题呢？

若你仍把它视为音乐文学，那么尽量少用典故，保住它作为歌词的本质，让语言平白晓畅；若你把它视作纯文本文学，那么典故则可多用些，使词作深婉含蓄，富于文学性。

另外，不同题材的作品，对典故的需求也不同：写自己的一腔儿女幽情，何必处处用典？但若是怀古，则常需引用古往今来的兴衰之事。若是抒写家国情怀，词作又怎能少得了英伟之人的身影呢？

不同的视角会带给我们不同的答案。

但无论从什么角度，我们都应恪守一个原则：用典是真正出于表达而非炫耀的需要。所以在用典时，你要考虑的问题是：(1) 此处有无必要用典；(2) 此处典故的运用，是否清楚表达了你的本意（用得合不合适、到不到位）；(3) 此处的典故出现得是否自然，是否与全词和谐。建议初学者，用典不宜多，多则作品质密；用典不宜深，深则作品不爽畅。

要用多深奥的典故呢？这取决于你作品的受众群体。如果是与满腹经纶的词友酬答，那么典故深奥繁复些是没问题的；但你若是写给文学水平一般的朋友看，则不必借典故卖弄学问。追求思致的深远、抒情的精彩动人才是硬道理。

最后来讲讲回文词。

回文诗诞生在前，先来看苏轼的《赏花》。

赏花

苏轼

赏花归去马如飞，去马如飞酒力微。
酒力微醒时已暮，醒时已暮赏花归。

这首诗每句的第四至七字，便是下句的一至四字，而诗的末尾又和开头遥接。还有一种典型的回文形式，如清代黄伯权的《茶壶回文诗》。

茶壶回文诗

黄伯权

落雪飞芳树，幽红雨淡霞。
薄月迷香雾，流风舞艳花。

其诗又可回读为：

茶壶回文诗

花艳舞风流，雾香迷月薄。
霞淡雨红幽，树芳飞雪落。

这种手法移植到词中，便是回文词，如纳兰性德的《菩萨蛮》。

菩萨蛮

纳兰性德

客中愁损催寒夕，夕寒催损愁中客。门掩月黄昏，昏黄月掩门。

翠衾孤拥醉，醉拥孤衾翠。醒莫更多情，情多更莫醒。

《菩萨蛮》属于单句回文，还有一种更难的全词回文，如王齐愈的《虞美人》。

虞美人

王齐愈

黄金柳嫩摇丝软，永日堂空掩。卷帘飞燕未归来，客去醉眠欹枕、殢残杯。

眉山浅拂青螺黛，整整垂双带。水沉香熨窄衫轻，莹玉碧溪春溜、眼波横。

从词尾倒读，又成一首《虞美人》。

虞美人

横波眼溜春溪碧，玉莹轻衫窄。熨香沉水带双垂，整整黛螺青拂、浅山眉。

杯残殢枕欹眠醉，去客来归未？燕飞帘卷掩空堂，日永软丝摇嫩、柳金黄。

回文词本质上是文字游戏，需要词人的闲情和极高的功力，不然很容易使词作内容空洞、表达不畅，空有个新人耳目的形式。在此对其只做简介，初学者不必急于尝试。

词的创作过程

最后简单谈谈词的创作过程。创作过程包括填写、构思和修改。

（一）关于填写

人们填词的习惯不同。有些人填词是在选定词牌之后，参照词谱一气呵成；另一些人则不然，他们是先吟得一二佳句，接下来以这些“天成”之句为基础，挑选与之句式、韵律相适合的词牌，最后加工成篇。

填词时，韵书是不能离手的，一来它能够帮助我们规避出韵，二来在确定所押的韵部后，浏览该韵部，还能给我们的创作带来灵感。刚才说到的两种填词过程，前者是由整体到部分，后者是由部分到整体。不管我们选择哪一种，都应首先关注词的构思过程。

（二）关于构思

构思的过程包括：

（1）明确创作动机，或者说确定主题（思乡、怀古、伤时、相思、悼亡、抒愤等）。

（2）明确作品的主要内容，即明确本词重在叙写什么样的故事/摹写什么样的风物/传递什么样的情思，这其实是对作品主题的展开。比如写思乡主题，那么可以写写乡情到底是什么样的，是如何被触发的，为何离乡，离乡几载，去乡几里，客居何处，故乡有什么样的往事、亲朋或风物令你魂牵梦萦，等等。有些同学的作品只是语言好、意象美，但词作没有具体的内容，令人读来一头雾水。

（3）明确词脉，即理清每部分的内在关联，确定结构与顺序。比如上下片如何分工——如何安排情、景，事、理，今、昔，虚、实这些要素；每一片如何起与结——是问还是叹、是忆当年还是叙如今、是景语还是情语；片与片之间靠什么勾连和过渡——一个意象、一件往事，还是时空的变换；等等。像王安石的《桂枝香·金陵怀古》，词脉就很清晰。

桂枝香·金陵怀古

王安石

登临送目。正故国晚秋，天气初肃。千里澄江似练，翠峰如簇。征帆去棹残阳里，背西风、酒旗斜矗。彩舟云淡，星河鹭起，画图难足。

念往昔、繁华竞逐。叹门外楼头，悲恨相续。千古凭高，对此漫嗟荣辱。六朝旧事随流水，但寒烟衰草凝绿。至今商女，时时犹唱，后庭遗曲。

上片主要为景语，词人先从当下写起，在古都金陵的深秋登临远望，接着具体描绘登临所见；下片则多为夹叙夹议的情语，用“念”字将视角从今日的繁华转向往昔的繁华，再转入六朝的相继衰败，最后又回到当下，直指奢靡安逸的社会现状，表现出词人对历史的深思和政治上的忧虑。

如果我们的创作只有佳句但不成佳篇，那问题就在于句与句、片与片之间的设计和融通没做好。

（4）明确写作材料，所写的景物、事件、典故等元素，一定要精当且典型。上词中的“澄江似练，翠峰如簇”便是典型的金陵秋景；“寒烟衰草”则形象地体现出朝代兴衰更迭不留旧迹，而天地自然恒常不变的道理；“后庭遗曲”，明确指代了靡靡的亡国之音。材料的选用一定要有所取舍，避免同类、同质的材料堆砌。

（三）关于修改

填词不以填完为结束，而以改好为结束，好词不惮改。修改可从以下角度和步骤入手。

一是从格律的角度。创作完毕后细查词谱并反复诵读，找出不协于音律之处，加以修正。这一步宜在填词完毕之后立即进行。

二是从表达的角度。把自己的作品当作陌生的词来阅读，客观冷静地找出在情理和逻辑上不通畅的地方，加以修改。做完这一工作后可与诗友分享作品，以求得客观的修改意见。

三是“冷处理”。前两个步骤可分别看作对词作的“热处理”和“温处理”，而词作还需要“冷处理”。把修改完毕或无力修改的作品且暂搁置，待阅读量和创作经验增加后再做修改，效果往往更好。

南宋词人张炎在《词源》中关于创作过程的论述，可供参考：

> 作慢词，看是甚题目，先择曲名，然后命意。命意既了，思量头如何起，尾如何结，方始选韵，而后述曲。最是过片，不要断了曲意，须要承上接下……

词既成，试思前后之意不相应，或有重叠句意，又恐字面粗疏，即为修改。改毕，净写一本，展之几案间，或贴之壁。少顷再观，必有未稳处，又须修改。至来日再观，恐又有未尽善者，如此改之又改，方成无瑕之玉。倘急于脱稿，倦事修择，岂能无病，不惟不能全美，抑且未协音声。作诗者且犹旬锻月炼，况于词乎？

宋人填词尚且如此讲究，今人反视修改若等闲，可乎？

词的风格、美感与创作指要

词的两种风格

就风格而言，作古风，宜朴拙、潇洒、遒劲，而不宜秾丽浮艳；作近体诗，宜清雅、中正、顿挫，而不宜软媚纤弱。而在词作的传世名篇中，有婉丽清新的，有秾艳纤丽的，有奔放豪迈的，有沉郁悲慨的，读罢你会觉得它们各有其动人之处，它们无法胜过也无法取代彼此。这说明词不仅在内容上涵括能力强，在风格上也更多样、更包容。

对于词作的风格，人们常用婉约与豪放来界定。

婉约，意味着词作语言委婉，层次曲折，意境深美，抒情含蓄，整体上词调蕴藉，呈现柔美内向的风格；豪放，意味着词作语言奔放，层次疏朗，意境雄浑，抒情直接，整体上气象恢宏，呈现刚健外向的风格。当然，风格特征都是相对而言的，婉约与豪放的分类，也称不上十分到位，但这种分法大体上指出了词作的两种风格，对我们的创作还是很有帮助的。

一说婉约。

婉约词向来被视作词的正体、主流。这与词的音乐性有关，它在酒筵歌舞的温床中成长，靠歌伎的皓齿檀唇广传于世；同时词的体式、句式与用韵特征也使其流丽多姿，婉转多变；再加上早期词作题材较窄，多是伤春悲秋，或你侬我侬的风月相思，于是词的风格自然容易偏向婉约了。

蝶恋花

欧阳修

庭院深深深几许？杨柳堆烟，帘幕无重数。玉勒雕鞍游冶处，楼高不见章台路。

雨横风狂三月暮，门掩黄昏，无计留春住。泪眼问花花不语，乱红飞过秋千去。

这首词我们之前已赏析过几句，写庭院之深，可谓含蓄之至。再到“泪眼问花花不语”，抒情也极含蓄：既为泪眼，是写伤心人；无人共语，转而问花，写伤心人的寂寞；花却不语，写寂寞伤心人的无助。婉约风格的词，总是把情感用语言金线千缠百绕，层层包裹，不肯点破，留待读者慢慢解密、细细赏味。无怪古人认为："故词须宛转绵丽，浅至儇俏，挟春月烟花于闺幨内奏之，一语之艳，令人魂绝，一字之工，令人色飞，乃为贵耳。"（王世贞《艺苑卮言》）

作婉约风格的词，要在哪些方面下功夫呢？

（1）选用意象，避刚健。不似"揿金伐鼓下榆关，旌旗逶迤碣石间。校尉羽书飞瀚海，单于猎火照狼山"的阳刚雄健，婉约词的意象往往富艳、雅致、纤柔，如"红藕香残玉簟秋。轻解罗裳，独上兰舟"、"纤云弄巧，飞星传恨，银汉迢迢暗度。金风玉露一相逢，便胜却、人间无数"（秦观《鹊桥仙》）。

（2）遣词造句，避劲直。像"自古逢秋悲寂寥，我言秋日胜春朝"（刘禹锡《秋词二首》其一）、"我劝天公重抖擞，不拘一格降人才"（龚自珍《己亥杂诗》）这样直白的语言，在婉约词中一般不用。婉约词用语当委婉曲折，如"莫道不消魂，帘卷西风，人比黄花瘦""此情无计可消除，才下眉头，却上心头"。

（3）写景造境，避雄奇。雄浑如"大漠孤烟直，长河落日圆"（王维《使至塞上》）、奇崛如"飞湍瀑流争喧豗，砯崖转石万壑雷"（李白《蜀道难》），都是难入婉约词的。婉约词总如"草色烟光残照里，无言谁会凭阑意"（柳永《凤栖梧》）、"杨柳岸、晓风残月"（柳永《雨霖铃》）、"独上小楼风满袖，平林新月人归后"。

（4）抒情言志，避率直。像"我自横刀向天笑，去留肝胆两昆仑"（谭嗣同《狱中题壁》）这样的豪语和"人生自古谁无死，留取丹心照汗青"（文天祥《过零丁洋》）这样的壮志，是诗的抒情。婉约词的抒情常如："问君能有几多愁？恰似一江春水向东流”，借春水言愁；“自胡马窥江去后，废池乔木，犹厌言兵”，借乔木言恨；“想佳人、妆楼颙望”，借拟想佳人思念自己的情景，来抒写自己对佳人的思念。婉约词更注重情感的寄寓，情与景高度融合，情味更隽永深沉。再看：

春　残

翁　宏

又是春残也，如何出翠帏。落花人独立，微雨燕双飞。

寓目魂将断，经年梦亦非。那堪向愁夕，萧飒暮蝉辉。

之前提到过，晏几道的“落花人独立，微雨燕双飞”便取自这首《春残》。这两句放在近体诗中显得气力不足，但放在“去年春恨却来时”之后，却无比精妙。可见婉约词的笔触，是往深微细腻处走的。

二说豪放。

早先流传于民间的曲子词，大多有民歌的风味，写景抒情都较简白，算不得婉约，如敦煌曲子词中的《菩萨蛮》。

菩萨蛮

枕前发尽千般愿，要休且待青山烂。水面上秤锤浮，直待黄河彻底枯。

白日参辰现，北斗回南面。休即未能休，且待三更见日头。

笃定的情感和直接的抒情，简直可看作汉乐府《上邪》的翻版。

上　邪

上邪，我欲与君相知，长命无绝衰。

山无陵，江水为竭。

冬雷震震，夏雨雪。

天地合，乃敢与君绝。

词到了五代和宋初的文人手里，才明显地婉约化了，而苏轼等人“以诗法入词”，又启豪放一派。豪放风格往往被视为词风的变体。苏轼、辛弃疾的作品被豪放派词人奉为圭臬。

苏轼的《念奴娇·赤壁怀古》我们已经读过，像“乱石穿空，惊涛拍岸，卷起千堆雪”“羽扇纶巾，谈笑间、樯橹灰飞烟灭”，气象何等磅礴，人物何其伟岸；《江城子·密州出猎》中的“酒酣胸胆尚开张，鬓微霜，又何妨？……会挽雕弓如满月，西北望，射天狼”，何等笃定自信；而《定风波》中的“竹杖芒鞋轻胜马，谁怕？一蓑烟雨任平生”，又是何等泰然超迈。

辛弃疾的《永遇乐·京口北固亭怀古》中的“想当年、金戈铁马，气吞万里如虎”，写刘裕北伐的壮气丰功；《鹧鸪天》中的“壮岁旌旗拥万夫，锦襜突骑渡江初。燕兵夜娖银胡䩮，汉箭朝飞金仆姑”，写自己年轻时率领义军奋勇抗金的往事；《贺新郎》中的“我最怜君中宵舞，道‘男儿到死心如铁’。看试手，补天裂”，又在与陈亮的酬答中共勉，畅言恢复中原之志。

苏词旷，辛词豪，词如其人，气骨遒劲，情感深透，令人读罢感动不已，追慕不已。豪放风格的词也有着无限的魅力。

豪放词该怎么作？

刚才从意象、造句、造境、抒情四方面说了婉约词的取向，把这个标准反过来，大致就是豪放词的取向：意象如“金戈铁马”，造句如“会挽雕弓如满月”，造境如“汉箭朝飞金仆姑”，抒情如“看试手，补天裂”，这样填词，必令人壮志雄起，精神振奋。

说词“须宛转绵丽……乃为贵耳”的王世贞，又是怎么评价豪放风格的呢？——“至于慷慨磊落，纵横豪爽，抑亦其次，不作可耳。”可见豪放词在一些人看来是比不上婉约词的。其实对于意境雄浑、情感丰沛的佳作来说，这样的评价是不公道的，但对于不成功的豪放词来说，这样的评价却也不无道理。什么样的豪放词是不成功的呢？

一言以蔽之，为了豪放而豪放，牺牲了艺术性的词，是失败的豪放词。艺术性体现在哪里？诗词贵在情感的真挚深厚，倘若作品本身没有深情大爱做根基，那么用婉言丽语写出来就是无病呻吟的婉约词，用豪言壮语写出来就是假大空泛的豪放词；诗词贵在表达形式的情景交融，使读者身临其境、产生共情，倘若只有壮语豪情，而没有故事的讲叙和图景的描绘，豪放词就成了呼告和宣泄，这也是不可取的；诗词贵在语词的精工和典雅，所以，不加雕饰的大俗话、大白话，不经推敲的句法，不传神的意象，都不能成为豪放词的内容。豪放词自有一种硬棱角、粗线条之美，但这种粗，绝非粗俗、粗粝。“老干体”诗词，常有这样的毛病，在此不做示例。

豪放词疏朗刚健，如大江大河，裹挟天风海雨，势勇猛。

婉约词秀丽温柔，如潺潺细流，映取落叶飞花，味长足。

三说刚柔相济。

从内部讲，词人的禀赋、性情、成长环境和人生经历影响着词的风格；从外部讲，时代、题材、思潮也影响着词的风格。就像是种子不同，成长的土壤不同，最后长出的花木自然形态迥异、各领风骚。婉约与豪放，不必强分轩轾，更不必彼此对立。如果把二者视为两端，那么其实大部分的佳作是处于中间地带的，它们兼具两种风格的艺术魅力，也是我们学习的典范。

像辛弃疾的《摸鱼儿》，更像是兼有豪放的婉约词。

摸鱼儿

辛弃疾

更能消、几番风雨，匆匆春又归去。惜春长怕花开早，何况落红无数。春且住，见说道天涯芳草无归路。怨春不语。算只有殷勤，画檐蛛网，尽日惹飞絮。

长门事，准拟佳期又误。蛾眉曾有人妒。千金纵买相如赋，脉脉此情谁诉？君莫舞，君不见玉环飞燕皆尘土！闲愁最苦！休去倚危栏，斜阳正在，烟柳断肠处。

这首词有落红、芳草、画檐、蛛网、飞絮这样细丽的意象，有“更能消”这样起势刚直的句法，有“君莫舞”“君不见”“休去倚危栏”这样苍劲的语言，有“闲愁最苦”这样的直抒胸臆，也有“千金纵买相如赋，脉脉此情谁诉”这样的借典抒情、“斜阳正在，烟柳断肠处”这样的借景抒怀，以刚健之语抒其忧愤，以曲婉之语写其苦闷。

而苏轼的《浣溪沙·游蕲水清泉寺》，则更像是中含婉约的豪放词。

浣溪沙·游蕲水清泉寺

苏　轼

序：游蕲水清泉寺，寺临兰溪，溪水西流。

山下兰芽短浸溪，松间沙路净无泥，萧萧暮雨子规啼。

谁道人生无再少？门前流水尚能西！休将白发唱黄鸡。

上片景物描写精致，意境优美，而下片用“谁道”“尚能”“休将”串起词的意脉，没有愈转愈曲的深婉，而是一气呵成，平白晓畅，用浅近自然的语言表现出词人旷达乐观的心怀。

下面的两首学生词作，就属于既婉亦豪的。

定风波

马沐兰

稚齿韶龄本可夸，休将绿鬓付嗟呀。水恨风愁何日了，谁晓，且耽诗酒趁年华。

绿叶成阴春已老，轻巧，先簪照眼石榴花。我自风流君更少，长笑，占来今夏第几佳？

醉落魄（新韵）

李语凝

孤灯明灭，衰荣看遍徒悲咽。心中幽恨谁能解？莫奏《梁州》，弦管空凄切。

曾有琼楼花似雪，而今只作残金阙。六朝歌尽何为乐？古刹疏钟，杜宇长啼血！

两首小令皆出自高一年级的女生。前者语言流利轻快，意象色泽明艳，一反少女伤春的传统立意，于灵秀中见超迈；后者有怀古的感慨，有起句的直接抒发，但更多的感情融入了残垣故阙、古刹疏钟和不忍听闻的杜宇声中，艺术表现力较强。

同样的题材，我们可写得婉约，可写得豪放，更可兼备二者之长，于豪放中不废婉约，于婉约中兼存豪放，不作靡靡之音，亦不作粗犷之词。

词的美感与创作之忌

如何去描述词的美感特征呢？“词之为体，要眇宜修，能言诗之所不能言，而不能尽言诗之所能言。诗之境阔，词之言长”（王国维《人间词话》）、“深美闳约”（张惠言《词选序》）、“弱德之美”（叶嘉莹语）……古今学者各抒己见，若有兴趣，不妨参阅诸家词论。在我看来，词之美感，在乎其真、悲、柔、丽、细、深。接下来谈谈这六点。

词以真为根本。景物和事件要真实，感受与情思要真切，否则就是无病呻吟。求真其实是各种诗体共守的原则，词也不例外，但词更偏好抒发个人化的情思，而较少有应制之作，一方面容得了大情怀，另一方面写得出小情绪，词中的真情，也更丰富一些。在词的世界里，小到春花凋零、秋叶萧萧之际的感伤，或辗转反侧的无聊，大到面对旧国残山剩水的哀恸，或面对生离死别的悲慨。它们震撼人心的程度固然不同，但感情只要是真切的，就都能打动人心。

词的真，与夸张、想象的技法并不冲突，因为瑰丽浪漫的艺术加工，也必以真景为出发点、以真情为依凭，而且也都是为了更好地传递作者真实的生命体验。所以，李清照的“梧桐更兼细雨，到黄昏、点点滴滴”有真之美，秦观《千秋岁》里的那句“春去也，飞红万点愁如海”有夸张，却仍有真之美。

词以悲为底色。经典传世之词，大多被某种悲情笼罩着，即便其中有积极、乐感的成分在，但作品也不大可能全是欢乐恣肆的，我们读得越多，越能感受到这一点。为什么会这样呢？从客观上说，悲情的感染力比乐感更强、更深、更重、更久，容易引发共情；从创作的主观性上来讲，悲往往来自深刻的生命体验、沉重的思考，寓含着人的悲剧意识——自身有限却渴求永恒的内在矛盾感。词人敏感的心更容易与愁结缘。

悲愁来自人生种种的生命体验：生离死别、贬谪、宦游、伤春悲秋、朱颜辞镜。当今昔境遇相同时，词人“无可奈何花落去，似曾相识燕归来。小园香径独徘徊”，会在岁月的轮转中生出淡淡的愁思；当今不如昔时，词人感叹“当时共我赏花人，点检如今无一半”（欧阳修《玉楼春》）；当今胜于昔时，“今年花胜去年红，可惜明年花更好，知与谁同”（欧阳修《浪淘沙》），又要为来日忧伤。可见无论生命境遇如何，词人都有可能为之感伤，但这种感伤并不与消极颓丧画等号，因为悲情本身源于人对美好的追求，在追求美好的过程中难免怅惘、迷茫、忧惧，在求而不得时自然辗转反侧，在求得之后又患失之，在得而复失之后更是愁苦难抑……所以，悲情可以说是追求理想的另一种表现，它像四季中的秋冬、天气中的阴雨霜雪，别有一种美感。悲情之美堪为词坛审美取向的主流，就连豪放词中的精品，也多抒发抑塞之情。当"悲"成了一种美时，就难怪连"不识愁滋味"的少年词人也要"为赋新词强说愁"了。

今人填词，自然不必"为赋新词强说愁"，但也无须避讳言愁，去刻意追求慷慨昂扬、知性豁达，尊重自己的真实情感就好。毕竟悲愁确比乐感更容易激发诗情，只要材料真实、表达讲究，作品自会动人心弦。

词以柔为线条。总体上说，词的美感是偏柔的。一种是绝对的柔，从意象、形容词到动词、谓语，都是柔婉含蓄的。婉约风格的词多体现这种柔，如秦观的《浣溪沙》。

浣溪沙

秦　观

漠漠轻寒上小楼，晓阴无赖似穷秋。淡烟流水画屏幽。

自在飞花轻似梦，无边丝雨细如愁。宝帘闲挂小银钩。

而豪放风格的词中，也总有"柔"。

苏轼在《念奴娇·赤壁怀古》中大开大合地写英雄气象时，尚有“小乔初嫁了”一句，以美人来衬英雄；在《水龙吟·登建康赏心亭》中，辛弃疾“把吴钩看了，栏杆拍遍，无人会，登临意”，何等悲慨忧愤，结句却说“倩何人唤取，红巾翠袖，揾英雄泪”；范仲淹的《渔家傲》写边塞，可谓豪放词的典范，但读到“浊酒一杯家万里，燕然未勒归无计。羌管悠悠霜满地，人不寐，将军白发征夫泪”，比起盛唐的边塞诗，我们仍然会觉得那“羌管悠悠霜满地”和“征夫泪”有种柔感在其中。这是一种相对的柔，比婉约词刚，却比近体诗和古风柔。

词之柔感，于意象、动作、修饰语中无处不有体现。意象中多云、水、雨、风、花，而少雷、电、山、岳、沙；动作中多绕、飞、吹、流、垂，而少围、奔、裂、翻、摧；修饰语中多淡、疏、微、遥、轻……习词者须字字斟酌，句句推敲。

词以丽为色调。景物的色彩对人的感官有直接的刺激，所以摹写不单要写形、神，色也是重要方面。相较于诗，词更注重表现景物的色彩特征，所以色调往往丰富，有些较绮艳，有些较清丽。直写色彩的句子如“彩袖殷勤捧玉钟，当年拚却醉颜红”（晏几道《鹧鸪天》）、“小径红稀，芳郊绿遍，高台树色阴阴见”（晏殊《踏莎行》）、“应是绿肥红瘦”、“翠尊易泣，红萼无言耿相忆。长记曾携手处，千树压、西湖寒碧”（姜夔《暗香》）、“芳莲坠粉，疏桐吹绿”（姜夔《八归》）等等，不胜枚举，可谓词中有画。此外还有一种词作的绘色方式——不直接描摹色彩，而偏重于传递明暗的光感或冷暖的触感，使景的色彩暗含其中，同时情味也更浓郁。比如“玉界琼田三万顷，着我扁舟一叶。素月分辉，明河共影，表里俱澄澈”（张孝祥《念奴娇·过洞庭》），又如“筱墙萤暗，藓阶蛩切”（姜夔《八归》）、“淮南皓月冷千山，冥冥归去无人管”（姜夔《踏莎行》）等。景象的色调往往就是作品的情感基调。

我们填词时，要有意识地关注并展现景物的色彩、景象的色调。

词以细为笔触。词作更像是工笔画，无论勾勒大景象还是特写小风物，都力避那种点到即止的粗疏。词对景物的描摹比诗更细致，对情思的抒写自然也就更细腻。如赵令畤的《蝶恋花》写佳人的春愁离思。

蝶恋花

赵令畤

欲减罗衣寒未去，不卷珠帘，人在深深处。红杏枝头花几许？啼痕止恨清明雨。

尽日沉烟香一缕，宿酒醒迟，恼破春情绪。飞燕又将归信误，小屏风上西江路。

用“欲减罗衣”的生活细节去表现欲暖还寒的天气，“珠帘”不卷，暗示着闺中思妇的慵懒与闲愁。写春愁具体到了“啼痕”上，写寂寞具体到了终日里袅袅不绝的一缕沉香上，而离情更是寄寓到一剪飞燕身上，甚至是小小屏风上绘出的西江水路中。

词的言情，不再是简简单单如“徘徊将何见，忧思独伤心”（阮籍《咏怀八十二首》其一）、“念此怀悲凄，终晓不能静”（陶渊明《杂诗十二首》其二）那般告诉读者自己是什么心情，而是会把情感落在一个具体的点上，这个点是非常微观的景物、动作或感受。反过来说，也只有这种显微镜式的特写，才能传递那种幽微冥杳的情思。

词以深为境界。首先，多样的句式和押韵本就增强了词的抒情性；其次，词的篇幅越长，铺叙能力也越强；再次，细腻的笔触也自然使得词向深处走。天然的优势加上创作的习惯，造就了词之深境。这种深，表现在景语中，是神韵的完足与悠长；表现在情语中，则是情意的浓重与深长。它不一定指向思想上的深邃，但一定会让感情本身有充分的展开和推进。思想上的深，如苏轼的《水调歌头》；情感上的深，如柳永的《雨霖铃》。

这里我们看晏几道的《鹧鸪天》。

鹧鸪天

晏几道

醉拍春衫惜旧香。天将离恨恼疏狂。年年陌上生秋草，日日楼中到夕阳。

云渺渺，水茫茫。征人归路许多长。相思本是无凭语，莫向花笺费泪行。

离人都用书信传寄相思，词人也必是曾向花笺多费泪行，而终觉相思深重，靠书信是无可倾诉的，才反过来说“相思本是无凭语，莫向花笺费泪行”。而王国维的《鹊桥仙》，则体现出思力之深。

鹊桥仙

王国维

沉沉戍鼓，萧萧厩马，起视霜华满地。猛然记得别伊时，正今夕、邮亭天气。

北征车辙，南征归梦，知是调停无计。人间事事不堪凭，但除却、无凭两字。

词人厌倦了身不由己的客中生涯，感受到“人间事事不堪凭”。他寻求不到永恒的依托，与此同时，只有那“无凭”的、得不到归宿的人生真相，才是“堪凭”的、永恒的。富于哲思的表达，体现着词人的思考之深。

境界的深度决定作品的质量。在观察世界、体验生活、思考人生、经营感情时，我们须得认真些，多多投入时间、精力，让词作的内容呈现出自己的思力。我们只有无功利心地深深沉潜于生命体验中，才有可能让词作深刻动人。

初学者创作之忌

在填词过程中，人们会自觉或不自觉地追求让语言有特色，但很多初学者受阅读量、创作经验和审美能力的限制，不能如己所愿，反倒越入雷池。常见的状况有：

在语词使用上，求“新”反成“生”。在词作的内容和表达上是可以追求新意的，但刻意求新，往往常使得语言生僻，表达生硬。比如有学生写到“春水涮闲窗”“清风筛叶”，这里的动词“涮”“筛”，新是够新，但不够熨帖和典雅。还有一种常见的问题，是学生把联绵词或叠词拆成单字，后面加上一个物象，这样会使得作品表意不到位，读来也拗口，比如“蜿路”“霏雪”“雨烟朦”。

在艺术表现上，求“奇”反显“怪”。一切新奇的表达，都必须以符合情理逻辑为前提，否则便不是奇巧，而是奇怪。比如有学生在《采桑子》中写到“目涩河稠，暮色何愁”，两句音同字异，奇是有了，但以“稠”写“河”，还是欠缺情理的自然。今人驾驭旧体诗词的语言能力本就比较弱，容易写得不今不古，在初学阶段，更不必刻意追求新巧与个性。我们填词完毕后应当反复诵读，把拗口的、生硬的表达都改掉，把作品向着自然、流畅处雕琢，才是正道。

在意象描摹上，求“丽”反成“俗”。词注重意象的藻饰，但修饰语不可入俗。譬如，“花红柳绿”就是俗语，而改成“花明柳暗”“花底匀脂，柳丝凝碧”便不俗；“青山绿水”就是俗语，而“苍山碧水”便不俗；“莺歌燕舞”就是俗语，“莺啼燕哢”便不俗……总之，丽语也分雅丽与俗丽，词作意象的选用及其藻饰，最能体现词人审美的水平。

在景物安排上，求“浓”反成“密”，或求“淡”反成“疏”。前者是指将景物的铺排变成了堆叠，比如“水风轻、蘋花渐老，月露冷、梧叶飘黄”，若写作“水风老蘋花，月露飘梧叶”，就会让人觉得这两句像是被压缩了一般，太过密实了，景物的特点写得不充分，词意不舒展。而后者则刚好相反，把一种意思重复表达。比如有学生写“雨雾蒙蒙弥满路”“玉手纤纤相执住”。“弥”便是“满”，何必“弥满”？前已有“相执”，后何必又言“住”？意义重复的语词占用了作品空间，必然导致内容的稀薄，这就是“疏”。学生词作有“层雨秋凉，晓寒风怯，寄言雁去无心”一句，景语浓度高，但特征却都表现得充分，可谓浓而不密；又有一句“日暖炉香弥去”，这句重在摹写炉香，但若少了“日暖”，单写“炉香”，内容就稀薄了，于是这句在我看来就是淡而不疏、恰到好处的。

在情感表达上，求“晓畅”反成“直白”，或求“深婉”反成“隐晦”。前者是指只顾爽畅地宣泄，而不注重抒情的技巧和语词的锤炼，如“思在怀中，念在心头”，一来句意重复，二来表意太过直白，不似“才下眉头，却上心头”那般富于形象和韵味；后者是指刻意追求表达的委婉曲折，导致情感隐匿于词中，使读者无法把握，这也是不可取的。

以上禁忌，不妨记住，用以自纠。其实想要与这些问题绝缘并不容易，需要大量创作经验的积淀，绝非一夕之功；另外，自己的问题自己很难发现，常有赖于高人去道破与点拨。想要提升填词水平，最好的方法是多背名篇、多读词论、多与高手交流。

研读词话，知好词之“所以然”

正所谓“操千曲而后晓声，观千剑而后识器”，想填好词，饱览名篇佳作自不可少，因为我们能于其中得见好词的语言、节奏、章法、气象，眼界方始开阔，这就是知好词之“其然”，但要知好词之“所以然”，恐怕还需研读词话。

这里所说的词话，是学者针对词作的文学批评，一般是就词的内容、形式、风格进行鉴赏评析，有时也记载词人的事迹。研读词话，有助于我们理解那些名篇的好之所在，提升理论素养，且能在体察和思辨作者思想的过程中，逐渐形成自己的审美理念与创作观。

像李清照的《词论》，指出词“别是一家”，强调词在音律和文学性上的特质；另外，张炎的《词源》、沈义父的《乐府指迷》、陈廷焯的《白雨斋词话》、况周颐的《蕙风词话》皆有明确的艺术主张和较为深透的解说。优秀的词话不胜枚举，对今人而言，哪部价值最高？这里首推王国维先生的《人间词话》。王国维在继承传统的基础上，吸收康德、叔本华的哲学思想，使诗词审美要义由“神韵”“兴趣”转为“真景物、真感情”，独标“境界说”，一改千百年来国人重主观感受而少客观分析的批评模式，其理论易于习词者去把握。同时，这部词话的内容又不限于论词，其思想对读者的文学乃至人生理念，带来了相当大的启发。

接下来我们就结合《人间词话》中关键的几则，谈谈填词的要义。

> 言气质，言格律，言神韵，不如言境界。有境界为本也。气质、格律、神韵为末也。有境界而三者自随之矣。

> 境非独谓景物也，喜怒哀乐，亦人心中之一境界。故能写真景物、真感情者，谓之有境界；否则谓之无境界。

前一则讨论诗歌关键的审美要素，引出“境界”这一概念，后一则对其进行解释：词中的真景物、真感情。可见，境界的内涵包括客观与主观两层，而其要义，在于“真”字。“境界”是《人间词话》的核心，而“真”，便是重中之重，核心之核心。

境界之“真景物”

文学是形象的艺术，作者的抒情、说理，常常以景物形象为依托，形象塑造得成功与否，直接关系到作品艺术性的高低。我们应当如何做到王国维所强调的景物之“真”呢？

第一，“虚构”之景物也要符合自然规律和事理逻辑。

今人写旧体诗词时，往往会对其中写到的现实生活进行艺术处理。其中，那些符合自然规律和人情事理逻辑的“虚构”，是读者可以接受的。比如，为了增加意境的感染力，我们将现实中的寒凉、萧索之气加以夸张，把落叶凋零写成万叶凋零，把下了半夜的寒雨写成一夜寒雨，其实这种处理，不能算真正意义上的“虚构”，只是将一颗敏感之心的情绪体验加以放大。再比如我们常见的“情思从对面飞来”的抒情写法：“邯郸驿里逢冬至，抱膝灯前影伴身。想得家中夜深坐，还应说着远行人。”（白居易《邯郸冬至夜思家》）后半首已是诗人的想象，是诗人对思念家人的曲折表达，但所想象的情境是合情合理的，也算是“真”。如果说前两种情形算是“添油加醋”，那么还有一种是“无中生有”，比如在离别的情境中添写微雨、寒蝉、残月之类当时未必真实存在的意象，其实也勉强可以接受。但万万不能“自相矛盾”，让所写之景叫人一看就觉得有违常理，比如风雨与明月共存、早春听蛙唱、雪中闻蝉鸣等，这种“失真”属于低级失误，偶见于学生作品中，须警惕。

第二，以书写现实生活之景物为尚。

一首词作的景物如果完全基于现实所见所闻，此词便永远不会失其“真”。词不似小说戏剧那样强调“创造”，它的本质是抒情文学，当以真情实感为核心，如果无雨偏写雨、车鸣笛偏写马嘶鸣、无珠帘偏写珠帘，那作品莫说离读者，就算离作者本人也很远了。学习填词如果一味靠情节的捏造和物象的虚拟，则无异于舍本逐末、缘木求鱼。

倘若分别时天上是满月，那我们何必把月写残，完全可以以乐景衬哀情，叹“十分好月，不照人圆”（辛弃疾《木兰花慢》）。同理，我们可以怨汽笛声紧，不许离人诉离殇，可以盼送行之车稍滞，好再做一番叮咛。很多学生写诗写的就不是自己的生活，这也是其作品无法带给读者触动的主要原因。对今人而言，判断什么样的景物可以入词，不当以其“古”之与否，而当以其“真”之与否。

当然，悬想情境去摹写，也并非一无是处，在初学阶段我们就古代诗词的题材进行仿写，也有助于掌握诗词的表达技巧。但须知，填词的终极目的与最高境界仍是书写真我。

第三，景物描写要真切生动。

“真实”是写景物的基本要求，而“真切”是高级要求。因为我们的创作，不能停留于“记录”，而要着意于“表现”，要让所写到的景物不是没有温度和滋味的简单事物，而是带着作者审美体验、情感寄托的形象。填词时我们须好好思索景物吸引你的地方究竟何在，把它触动你的那一刹那捕捉到，连带你的心境，一并呈现出来，分享给读者。这样写出来的景物，才谈得上真切。

想做到“真切”，主要靠炼字的功夫。有时候一个字到位了，一物、一句，甚至一首词，便都活了。我们试看几例：

云破月来花弄影。（张先《天仙子》）

此句写晚风吹拂下的夜色：清风吹过，云开月明，光照春花，花摇影动，珊珊可爱。“弄”字尽显春花在风中轻柔妩媚之幽姿，甚至还有顾影自赏之情致；何况“弄”字本就有赏玩之意，在这里同时也透露出词人赏花怜春的情绪。王国维说此句“着一弄字，而境界全出”，此言不虚。

鱼吞池水。（章楶《水龙吟》）

如果你见过池中鱼儿张口呼吸状，就能感受到“吞”字表现的准确性和生动性：唇张而不见齿，口型圆合。这个“吞”字，可谓惟妙惟肖。

山抹微云。（秦观《满庭芳》）

书画中的“抹”是以另一色掩住底色之意，这句的意思是一点淡云遮住了山色。且不看其句式的倒错，只看一“抹”字，就极富画面感。若换成“掩”“遮”“挡”等字，于表意无损，但却不能体现出云的形态之不规则，少了云之为云的灵动风流，更无法体现出“微云”之“微”。无怪乎秦观也由此得一“山抹微云学士”之名号。

懒起画蛾眉。（温庭筠《菩萨蛮》）

这里最具表现力的是“懒”字。它是修饰谓语动词“起”的一个副词。在这里如果替换成“晨起”，则只是对动作的时间加以说明，重在交代客观的、外部的信息；而“懒起”，则刻画出女子晨起时慵懒的情态，表现出其内心的寂寞孤独、百无聊赖。只此一字，在塑造人物形象上便有千钧之力。

烟柳画桥。（柳永《望海潮》）

这里边用得比较妙的是作为修饰语的“烟”。若是“杨柳”，则毫无妆饰，太过素朴，浪费了寸土寸金的表现空间；“垂柳”重在写其形；“翠柳”重在绘其色；“烟柳”则是拟其态——远望堤上，柳枝如烟随风轻摆，且在日光照射下好似含烟，“烟”凝练传神地描绘着杨柳静中含动、光影朦胧的美感，凸显着杭州风景的优美雅致。

水面清圆，一一风荷举。(周邦彦《苏慕遮》)

这几句为写荷之绝唱，王国维评价其“真能得荷之神理者”。这句的表现力主要在形容词“清”和动词“举”上。“青圆”是对荷叶色彩、形态的描摹，是单纯的视觉体验；但“清圆”则不同，既是写色彩之清透，又传达出词人观景时心脾清凉、神清气爽的心理体验，融客观与主观于一字。再看“举”字，在本词所用的韵部里，实无他字可替：“舞”虽写荷花随风起舞之姿，但不能显其挺拔之态，且与“风荷”略有重复；“竖”“伫”则虽能显其挺拔，却未免挺拔得生硬，又与“风荷”不协；唯“举”字兼有荷之曼妙风姿与勃发生气，可谓恰如其分，正在好处。

应是绿肥红瘦。(李清照《如梦令》)

“绿肥红瘦”四字，字字值得说道。先说绿、红，此二字用借代手法言叶与花，比直言叶与花更能凸显其特征，见其鲜妍明媚；一字既指物，又言其色，遣词精练，增强了画面美感。再说肥、瘦，此二字用比拟，赋予叶与花以更强的生命感，一夜风雨过后，绿叶迅速生长丰茂、娇花零落凋残的景象，便通过“肥”“瘦”二字精当传神地表现出来了。而且，词人的惜花伤春情绪，也都寓于“瘦”字里，韵致无穷。

诗词篇幅短小，可谓寸土寸金，还请惜字如金，反复斟酌推敲，使之最大限度地表现景物之神理，同时传递自己的审美体验。

第四，不拽才学的“真诚”。

不假经营的景物描摹，虽真实，但不够真切动人，而倘若过分经营，失了分寸，在王国维先生眼中，那便反失了“真”，沦为了“隔”。

> 问“隔”与“不隔”之别，曰：陶、谢之诗不隔，延年则稍隔已；东坡之诗不隔，山谷则稍隔矣。“池塘生春草”“空梁落燕泥”等二句，妙处唯在不隔。词亦如是。即以一人一词论，如欧阳公《少年游》咏春草上半阕云：“阑干十二独凭春，晴碧远连云。千里万里，二月三月，行色苦愁人。”语语都在目前，便是不隔。至云“谢家池上，江淹浦畔”，则隔矣。白石《翠楼吟》“此地。宜有词仙，拥素云黄鹤，与君游戏。玉梯凝望久，叹芳草、萋萋千里”，便是不隔。至“酒祓清愁，花消英气”，则隔矣。然南宋词虽不隔处，比之前人，自有浅深厚薄之别。

> “生年不满百，常怀千岁忧。昼短苦夜长，何不秉烛游”，“服食求神仙，多为药所误。不如饮美酒，被服纨与素”，写情如此，方为不隔。“采菊东篱下，悠然见南山。山气日夕佳，飞鸟相与还”，“天似穹庐，笼盖四野。天苍苍。野茫茫。风吹草低见牛羊”，写景如此，方为不隔。（王国维《人间词话》）

可见，“隔”的诗句，少了一点活泼自然，不能带给读者以直接的感发，读者要调动学识储备、理性思考分析的能力，才能理解其内容。例如，“谢家池上，江淹浦畔”这两句，不了解其中典故（谢灵运作有《登池上楼》，江淹《别赋》中有“送君南浦，伤如之何！”）的读者，就无法直观感受作品意境；“酒祓清愁，花消英气”虽未用典，但也显得多了些人力的穿凿。

《人间词话》的另一则所讲到的代字，也可视为“隔”的表现。

> 词忌用替代字。美成《解语花》之“桂华流瓦”，境界极妙，惜以“桂华”二字代月耳。梦窗以下，则用代字更多。其所以然者，非意不足，则语不妙也。盖意足则不暇代，语妙则不必代。此少游之“小楼连苑”“绣毂雕鞍”，所以为东坡所讥也。

不直言“月华”而言“桂华”，不直言柳而言“灞岸”，于读者而言或有“隔雾看花”之憾，于作者而言则或有“隔靴搔痒”之嫌。

当然，并不是一切的用典、雕琢都是“隔”，关键看用典、雕琢得是否必要、精当、自然。说到底，“隔”之忌是在提醒我们，切莫卖弄才学，失了表达的真诚。

境界之“真感情”

接下来我们说“真感情”。

首先说真挚。

我们填词，当为情造文，有愁言愁，有喜言喜，不能为文造情，不必强说附会，更不必应承伪饰。要抒发自心底淌出的情意、涌动的思考。以下名句皆直截平朴，少有藻饰，其情其思，却自有动人之处。

悔当初、不把雕鞍锁。（柳永《定风波》）

要休且待青山烂。（无名氏《菩萨蛮》）

一松一竹真朋友，山鸟山花好弟兄。（辛弃疾《鹧鸪天》）

壮志饥餐胡虏肉，笑谈渴饮匈奴血。（岳飞《满江红》）

蜗角虚名，蝇头微利，算来著甚干忙。（苏轼《满庭芳》）

真实的情感和思考，其感发能力最强，如果在此基础上，能进一步追求情思的浓度、力度、厚度，那么它更会穿透纸张，穿越时空，与读者的内心世界乃至今后的人生相融。

其次说真切。

真挚的情感与高超的表达技巧并不冲突。相反，精妙的笔法，能将情思表现得更加细腻逼真，令人印象深刻。在此我们谈谈情感的形象化处理。

借景抒情、情景交融，属于寓抽象于形象，如："人人尽说江南好，游人只合江南老。春水碧于天，画船听雨眠。"（韦庄《菩萨蛮》）借江南美景，抒发对江南的眷恋。"多情自古伤离别，更那堪、冷落清秋节！"（柳永《雨霖铃》）别愁与凄清秋景相交融。

而比喻、比拟则是另一种手法，是化抽象为形象，例如：

此情无计可消除，才下眉头，却上心头。（李清照《一剪梅》）

问君能有几多愁，恰似一江春水向东流。（李煜《虞美人》）

剪不断，理还乱，是离愁。（李煜《相见欢》）

梦魂惯得无拘检，又踏杨花过谢桥。（晏几道《鹧鸪天》）

词人的情思，显然被视觉化了，令人更觉生动灵妙，真切可感。

（一）境界之深

接下来我们谈“真感情”中境界的深浅、大小之别。

尼采谓：“一切文学，余爱以血书者。”后主之词，真所谓以血书者也。宋道君皇帝《燕山亭》词亦略似之。然道君不过自道身世之戚，后主则俨有释迦、基督担荷人类罪恶之意，其大小固不同矣。（王国维《人间词话》）

先说真感情的深化，即在情思之真上，求深沉、深厚、深刻。正如法国著名诗人缪塞所说：“最美丽的诗歌也是最绝望的诗歌，有些不朽的篇章是纯粹的眼泪。”最真实的感受，最深沉、缠绵、真挚、刻骨铭心的情感，对人生万事最深刻的觉解，才具有恒久的文学价值。也难怪让我们最难以忘怀的，往往是那些“血泪相和流”（白居易《长恨歌》）的诗词。

韩愈认为“欢愉之辞难工，而穷苦之言易好”（《荆潭裴均杨凭唱和诗序》），欧阳修言“予闻世谓诗人少达而多穷……盖愈穷则愈工，然则非诗之能穷人，殆穷者而后工也”（《梅圣俞诗集序》），赵翼亦有诗云“国家不幸诗家幸，赋到沧桑句便工”（《题元遗山集》），可谓理固宜然，因为最深挚的情感、最深刻的思想，常由悲剧性的生命体验所激发。作者在大得大失、大有大无的人生风浪中浮沉升跌，于是洞悉人生的真相，感受命运的无常，生发出更深沉的慨叹，或是树立了更坚牢积极的人生态度，给读者带来巨大的冲击、强烈的触动。

对比李煜前期与后期的词作，可见一斑。

阮郎归

李　煜

东风吹水日衔山，春来长是闲。落花狼藉酒阑珊，笙歌醉梦间。

佩声悄，晚妆残，凭谁整翠鬟？留连光景惜朱颜，黄昏独倚栏。

相见欢

李　煜

林花谢了春红，太匆匆。无奈朝来寒雨晚来风。

胭脂泪，相留醉，几时重。自是人生长恨水长东。

前一首为代言体，写思妇寂寞闲愁，伤春去，亦伤青春易逝，音律谐美，情景交融，艺术性很高；而后者作为自言体，由春花辞树而慨叹生命饱经摧残之苦楚，更寓有远别故国故人之悲。论沉痛悲切，感人肺腑，自与《阮郎归》不可同日而语，此所谓

"以血书"之一纸深情。

其实，即使具有相似的人生经历，不同的词人倾注的情感心力也有不同，我们对比两首悼亡词作。

鹧鸪天

贺　铸

重过阊门万事非，同来何事不同归？梧桐半死清霜后，头白鸳鸯失伴飞。

原上草，露初晞。旧栖新垅两依依。空床卧听南窗雨，谁复挑灯夜补衣？

蝶恋花

纳兰性德

辛苦最怜天上月，一昔如环，昔昔都成玦。若似月轮终皎洁，不辞冰雪为卿热。

无那尘缘容易绝，燕子依然，软踏帘钩说。唱罢秋坟愁未歇，春丛认取双栖蝶。

两首词都抒写对亡妻的深深怀念。但前者抒写的是物是人非的感慨、失伴之孤苦，以及凄凉境遇中对贤妻的感念与追思。后者则用了一个感人的典故——荀奉倩娶曹洪女为妻，曹女高烧不退，百药不解，荀奉倩便脱去衣服，跑去屋外冰天雪地中冻凉自己的身体，再进屋为妻子降温——来表达自己若能与妻子白首相依则必倾其所有的深情，而末句亦有来生化蝶相伴不离的深盟。词中饱含着一种牺牲精神，可谓忘我乃至于无我，此等情感撼人肺腑的力量，为《鹧鸪天》所远不能及。

（二）境界之大

接下来我们谈境界之大。

品析一首词作的思想感情，除了可赏其深挚，还可赏其包覆之广。具体来说，就是看词作在抒写具体的人生体验时，是否暗含着或者生发出超越个体的、遍及全人类的生命体验，是否包蕴着宇宙人生根本性的规律、哲理。如果有之，则可谓有大境界。

不妨回到上一则词话中去。李后主与宋徽宗都是亡国之君，其词作皆可谓“以血书者”。

燕山亭

宋徽宗

裁翦冰绡，轻叠数重，冷淡胭脂凝注。新样靓妆，艳溢香融，羞杀蕊珠宫女。易得凋零，更多少无情风雨！愁苦。问院落凄凉，几番春暮？

凭寄离恨重重，这双燕，何曾会人言语！天遥地远，万水千山，知他故宫何处？怎不思量，除梦里有时曾去。无据。和梦也、有时不做。

宋徽宗的《燕山亭》描写传神，情感真挚，不可谓不“真”，但其情感却局囿于自己以君王的身份对故国的思恋，空间相对狭小；而同为亡国之君的李煜，其《虞美人》中则带着有限且悲辛的生命（“往事知多少”“只是朱颜改”）与永恒而美好的客观世界（“春花秋月”“雕栏玉砌”）的强烈矛盾，以及由此生发的深重愁绪。这种情绪与读者自身体验的相通性更高，更能引发共情与感喟。

这种将人情事理由个别升华至普遍的作品，还有很多。有的是从现象中感知规律，如：

无可奈何花落去，似曾相识燕归来。（晏殊《浣溪沙》）

有的是进一步从规律中感悟哲理：

料峭春风吹酒醒，微冷，山头斜照却相迎。回首向来萧瑟处，归去，也无风雨也无晴。（苏轼《定风波》）

人有悲欢离合，月有阴晴圆缺。（苏轼《水调歌头》）

我们常赞“苏词旷”，其实苏词胸襟之旷固然超妙，但最了不起的是他的“旷”乃生发于人类共同的命运，回应的是人类生命的根本命题，因此能以其“旷”来扫荡读者的烦恼，开阔读者的胸襟。

当然，我们看到最多的，是人类共同命运下的普遍情感：

人生自是有情痴，此恨不关风与月。（欧阳修《玉楼春》）

自是人生长恨水长东。（李煜《相见欢》）

多情却被无情恼。（苏轼《蝶恋花》）

悲欢离合总无情，一任阶前点滴到天明。（蒋捷《虞美人》）

问世间、情为何物？直教生死相许。（元好问《摸鱼儿》）

若我们的作品能蕴载人类普遍的情思，便能拥有更广远的境界，我们挚情的呼唤，也便能“化作钧天满太清”（王守仁《月夜二首》其一）了。

关于这一点，我们也可结合王国维的“入”与“出”去理解。

诗人对宇宙人生，须入乎其内，又须出乎其外。入乎其内，故能写之；出乎其外，故能观之。入乎其内，故有生气；出乎其外，故有高致。美成能入而不能出；白石以降，于此二事皆未梦见。（《人间词话》）

所谓入，对物而言，就是细致地观察，对其特质有传神的表现，乃至有情感的融入，如“绿肥红瘦”“云破月来花弄影”“乱石穿空，惊涛拍岸，卷起千堆雪”，皆可谓入乎其内，得其神理，尽显物之“真”。

所谓入，对事而言，则是全身心地投入、充分地体验，而非冷眼旁观。“我是人间惆怅客，知君何事泪纵横，断肠声里忆平生。”（纳兰性德《浣溪沙》）这就是典型的对他人情绪、经历的体贴；而“老夫聊发少年狂”则是对自己人生体验的热烈拥抱。这些作品自有一股“诚”意在其中，因此有丰沛动人的情感。

所谓入，对情而言，则是一往而深，不带有任何功利性质的、世俗眼光的考量，也就是王国维所说的“词人者，不失其赤子之心者也”（《人间词话》）。词人处世与创作，不需要考虑一份情感会给我带来什么好处，不去看这份情感值当与否，也不在意旁人如何看我这份情感。小我之私情须“入”，如纳兰性德的《蝶恋花》“若似月轮终皎洁，不辞冰雪为卿热”；大我之家国情怀，亦须“入”，如岳飞的《满江红》“壮志饥餐胡虏肉，笑谈渴饮匈奴血”。

至于出，则是出离于一时、一地、一身、一事的具体体验，以更高的站位观照之，洞明人生之本相，作品之情思也就会体现出超远、高妙的审美特征。且看学生作品。

临江仙

韩庚达

一片浮云谁剪断？东西各自行行。今时离别几般情？夜归听玉漏，月映看银屏。

不是天涯同是客，未知他日飘零。且倾花酒莫思萦。此愁万处有，不只在东瀛。

我在硕士毕业时作过一首《蝶恋花》，中有“一寄江南寒共暑，缘分相因，化作人间旅”一句。

现在看来，“此愁”二句、“缘分”二句，都在有意无意间从个人体验向人类共同体验去延伸。入是深深植根于生命体验，出则是从认识上将此体验加以提炼、升华，进而得以超越。

如今作现代诗亦有诸般法门，如“语言的陌生化”等等，但较之于王国维先生“真景物、真感情”的“境界说”，恐或弗如远甚，未及作诗之根本。

读过《人间词话》，更知填一阕好词，须创作者对世间事物抱有热情、真情甚至执着之心。上乘的词，是真实而深刻的生命体验。填词最高的境界，必须回归到诗词艺术的本质上来。这便是《人间词话》的奥义。

今人填词的主要方向

——以人大附中师生作品为例

当汽笛喧鸣，而奔马匿迹；当烟柳依旧，而画桥渐少；当谪贬不再成为现代人苦闷焦虑的源头，而爱情亲情与欢会别离仍然是生命的旋律；当我们与燎沉香、听更漏的生活揖别，而把学习、沟通、工作甚至一切交付与电子屏幕……我们不得不感慨，现代性已经渗透至我们生命的角角落落，与传统的生命元素相消长、相融合。那么抒写性灵的词，对今人而言，是不是已经走向穷途？今人的生命体验，是不是已无法安放于长短句中？

我们对传统词作内容及创作形式进行梳理，并分析学生相应的词作后，便会发现，答案是否定的。我们完全可以且应当对传统词作类型进行继承与发展，而这也就是今人填词的主要方向。

四种题材的继承与拓进

首先我们对传统词作从内容-情感层面进行分类，并看看今人对其的继承与发展。

（一）即景抒怀型

这类词作以一定的篇幅描写景物，并以之作为思想感情的生发点。传统的山水、田园、边塞、登临览胜、伤春悲秋等题材的词作多属于此类。至于抒怀方式，可以是融情语于景语之中，含而不露；也可直抒胸臆，使情思洋溢其间。总之，不存在纯粹意义上的只写景而无情思的好词，词人总会或隐或显地将情感表达出来，这也正应了王国维“一切景语皆情语”一说。

传统的即景抒怀之词，如范仲淹的《苏幕遮》。

苏幕遮

范仲淹

碧云天，黄叶地。秋色连波，波上寒烟翠。山映斜阳天接水。芳草无情，更在斜阳外。

黯乡魂，追旅思。夜夜除非，好梦留人睡。明月楼高休独倚。酒入愁肠，化作相思泪。

赵与辉同学的《浣溪沙》，也属于这一类型。

浣溪沙

赵与辉

断雨凉风续又残。空阶点滴渐声酸。疏灯一夜听流年。

可奈佳期长似月，无云亦不向人圆。酒边吟鬓易愁黏。

上片为由风雨、空阶、疏灯等意象构成的夜景，有触觉描写，也有听觉描写；下片词人由此凄清惨淡的夜景生发出佳期难再、孤独苦闷的愁情。

今人词作中的景、情并不必限于传统。且看这首。

夜游宫·内蒙古察右中旗扶贫调研

周禹任

序：一月二十一日至一月二十七日，参加北京大学校团委组织的郭氏基金会嘉里调研团，前往内蒙古察右中旗进行扶贫调研。此行使我原先的许多认识有所颠覆，亦使我愈发坚定自己读社会学之初心。填小词以记之。

极目阴山北麓，凝烟尽、寒崖难度。几点孤村落霜暮，看无边，草萧萧，风欲怒。

我有凌霄羽。曾自许、拍栏无数。愧把轻浮入短句。且从今，向远乡，田野去。

上片写扶贫调研所见之景，荒凉凄清，虽不乏见于古人词作中的意象，如“斜阳外，寒鸦万点，流水绕孤村”（秦观《满庭芳》）与此相类，但此处景物则以其萧瑟寥落暗点题目之“贫”字。下片写观景所感，人间之“贫”激发了词人大济苍生之志。景物真切，情感真挚，“扶贫”主题有时代性。

景是永恒的客观存在，是人类永恒的情感触点与抒情载体，即景抒情之词也会是古人、今人与后人永远的创作类型。今人不仅要继承之，还有必要开拓之。毕竟，机器轰鸣的工厂、神秘的海底、浩瀚的太空，这些景观，不都是可即之景吗？

总之，作此类词，要注意对景-情关系的处理，笔下的景物特征一般当与词人心境相一致（乐景哀情的反衬写法另做一说），做到心物交融；同时要注重作品内在逻辑的建构，一般要体现出景对情的生发作用。

（二）咏物抒怀型

即景抒怀之作，所摹写的是由各景物要素所构成的画面，最终呈现出的是环境的整体特征，如“乱石穿空，惊涛拍岸”所呈现的“江山如画”。而咏物类作品，咏写对象不是环境之“面”，而是事物之“点”，以具体的事物（常为一个）为重心，全词围绕它展开，即使写到其他景物，也只起烘衬作用。同时，作品还需借所咏之物的特征表现出其品格，实现作者的情感或理想寄托，此所谓由实入虚。至于所抒之怀，可以是对理想人格的期许、对建功立业的追求，此为托物言志；也可以是对身世浮沉的感慨、对事物与人生之规律的思考感悟等等，此为广义的“志”，即“心之所之也”。

这里我们先看古人的三首咏物词。

醉落魄·咏鹰

陈维崧

寒山几堵，风低削碎中原路。秋空一碧无今古。醉袒貂裘，略记寻呼处。

男儿身手和谁赌，老来猛气还轩举。人间多少闲狐兔，月黑沙黄。此际偏思汝。

这首咏鹰之词，上片从鹰飞的环境写起，继而写其翱翔时飒爽凌厉之姿，并以一碧如洗的天空相衬。下片抒发自身老当益壮，于月黑沙黄、“狐兔”可猎之际渴望有所建树的抱负。虽然直接描写鹰的笔墨并不多，但词人显然是以鹰之矫捷言己之猛气壮志，是典型的托物言志之作。

再看前文提到过的两首咏物抒怀之作。

水龙吟·杨花

章 楶

燕忙莺懒芳残，正堤上柳花飘坠。轻飞乱舞，点画青林，全无才思。闲趁游丝，静临深院，日长门闭。傍珠帘散漫，垂垂欲下，依前被风扶起。

兰帐玉人睡觉，怪春衣雪沾琼缀。绣床渐满，香球无数，才圆却碎。时见蜂儿，仰粘轻粉，鱼吞池水。望章台路杳，金鞍游荡，有盈盈泪。

这首词所咏为杨花，上片首句从杨花所处的环境写起，而后集中围绕杨花展开，写其轻盈的飞舞之姿、飞舞的踪迹变化、风中欲落还起的情态变化。下片写杨花沾衣、满床的同时写到了抒情主人公，进而抒写闺中女子寂寞之感与怀人之情。杨花的轻盈曼妙与玉人相得益彰，杨花的不能自主、才圆却碎也是思妇生命境遇的写照。

水龙吟·次韵章质夫杨花词

苏　轼

似花还似非花，也无人惜从教坠。抛家傍路，思量却是，无情有思。萦损柔肠，困酣娇眼，欲开还闭。梦随风万里，寻郎去处，又还被莺呼起。

不恨此花飞尽，恨西园落红难缀。晓来雨过，遗踪何在？一池萍碎。春色三分，二分尘土，一分流水。细看来不是、杨花点点，是离人泪。

苏轼所和的这首杨花词，则已不是为思妇代言，也突破了闺思这一传统题材的藩篱，于咏物之际书写自身深沉的生命感受。起笔写无人爱惜杨花，一任其飞落，再写其流离辗转的无可奈何、与柳枝柳叶的眷眷难舍。下片写杨花次日化作碎萍，了无踪影，词人对杨花、对春色的爱惜之情，以及羁旅远别的伤感，全都融于其中。

咏物词亦当为今人创作的一大类别。前日端午，与学生们一同填词咏粽子。此处也收录拙作一首，聊供参考。

沁园春·咏粽

昌　盛

千古风流，一等风物，赋予端阳。束真珠成玉，分明棱角，丹心如豆，含蓄清芳。天也无涯，身还有限，情意偏同此叶长。叹先哲，负十方智慧，寄此思量。

星辰流驶无缰，换今古情思两茫茫。至华夷礼节，纷争喋喋，北南荤素，计较遑遑。趣赖喉牙，性依食色，衮衮诸公名利场。对此物，更何人奉取，投下潇湘？

上片就粽子的色、形、料、味、叶等方面展开描写，兼有议论，表现粽子棱角分明、内心赤诚、情意绵长等品格，赞叹发明此物之先人造物的智慧与悼念屈子的深美情怀。下片联系当今关于粽子的种种现实，如中韩端午之争、南北方甜咸荤素之争，以及名利场中食客仅以此物满足口腹之欲的鄙薄之状，感慨如今少有人能涵味粽子之品格，不能与先人的智慧、情怀一脉相承。

今人咏传统的事物，以细心体察事物、抒发真情实感为上，未必要依传统的立意，比如前文引述过的拙作《十六字令・虹》。

十六字令・虹

昌　盛

虹。青黄表里白为宗。

晴光断，空色两相同。

从科学的角度解释彩虹，或许少了点浪漫绮丽的情思：非为仙子霓裳，亦非嘉时吉兆，而是光射到半空的水滴所发生的折射与反射。可谓虽以青黄之色为表里，却以白色为宗本。

《心经》有云："色不异空，空不异色，色即是空，空即是色。"我们眼所见、耳所闻、身所触、心所想，虽有千千万万种具体的形貌声色，但其本质却无异，不过是"空"。正如雨后晴光被折射出缤纷色彩，而光尽之时却了无分别，皆由"色"相回到

“空”相，全无差异。

这首咏物词便因为以自然科学和佛教哲学的视角观物，而使物有了科学性与佛理禅趣。

再如崔之凡同学的一首咏萤之作。

秋宵吟·萤

崔之凡

乱山丛，旷野道，寂寞羁栖烟草。哀吟苦、冷冷碎光微，欲明偏小。

隐林泉，客岭峤，傍雨斜飞连晓。伤憔悴、薄翅太轻娇，怎经流潦。

百日魂销，算世世、方生已老。仗灯随处，饮月流晖，总被泪萦绕。能有春多少？短焰生涯，如梦一觉。问从来、罄尽萤囊，知为谁夜夜寂照。

这首咏物词从萤虫所居之荒凉凄清的环境写起，继而描写萤虫其光之微、其生存之艰、其寿命之短、其心绪之苦，最后借车胤囊萤夜读的典故，表现萤虫照人读书、为人作嫁衣而身不由己的命运。这首词里的萤火虫，不再是为人所用的工具、为人所娱的玩物，而是心怀光明却卑微渺小、有惠于人却又不能自主的生命体，甚至可以说是许多小人物的生命写照。本词咏物有较强的表现力，其中寄托的情思，也很有感染力。

当然，今人亦可咏写现代生活中的新生事物，如崔之凡同学的这首《水龙吟·潜水艇》。

水龙吟·潜水艇

崔之凡

寒渊总是衔凄，飘零不入黄尘道。粼光自饮，满怀霜月，一江畾皎。映水云天，追随无迹，般般颠倒。目尽千帆过，曾谁见得，兰槛寤，铜华老。

梦里潮惊宿鸟，问沉浮，何时是了？空余缏绁，争知蚁附，是萍是藻。我逐波流，流波逐我，送迎多少？算平生，几度潜身，几度海涯孤棹。

（三）即事抒怀型

这类词作的主要内容往往是词人亲历的事件，包括具体的人物活动、故事情节，词人的情感也由此而生发。与即景相比，写事的作品更富动态感。比如苏轼的《江城子·密州出猎》，柳永的《雨霖铃·寒蝉凄切》。今人即事抒怀的词作，既可以记离别，亦可以记所梦，更可以记古人所未曾经历的事件，如一场音乐会、一次志愿服务、一场肆虐全球的“新冠”疫情……且看两首学生作品。

苏幕遮·忆昨夜梦（庚子年二月初三于异乡）

辛　衍

眇风轻，山月半。春色朦胧，岭上岚烟遍。重涧飞云侵崿短。前夜回舟，业在唏阳岸。

冷弥身，惊梦幻。一刹无言，此夜心神乱。何日归期知恨晚。苦酒盈肠，宛若车轮转。

这首和苏轼的《江城子·十年生死两茫茫》都属于记梦之作。苏词是上篇抒情，下片记梦，这首则相反：上片写故园风景，优美奇丽；下片写梦觉，点出之前乃为一梦，梦境与现实相对照，更催生出疫情期间求学在外、羁旅天涯的漂泊之苦与乡思之切。

水调歌头·登楼眺远，禳祷送瘟

韩庚达

六合起云瘴，五鬼乱神州。我今遮面眺远，凄怆赋登楼。荆楚一望南域，燕蓟又看北国，山海几多愁。黑霾遮霞日，歌哭且声偷。

救时客，今谁是，岂王侯？有人衣白似雪，逆路过江洲。一捧丹心碧血，万点人间灯火，不为稻粱谋。烧得纸船去，滚滚送东流。

上片是登临远望之景，“山海几多愁”“黑霾遮霞日”，并以富于象征性的实景来写大江南北为疫情所笼罩的情境。下片则由疫情肆虐引出救时之英雄——逆行奔赴前线的医护工作者，由衷赞美其情怀与贡献。这首词既属于即景抒怀，也属于即时事抒怀，景、事、情相交融，言之有物。

（四）咏史怀古型

初学者对咏史怀古题材的创作相对较少，可能是缺少相应的写作意识，因此这里将此题材单拎出来说说。

咏史怀古之作，其实有些可以划入即景抒怀类，如王安石的《桂枝香·金陵怀古》、辛弃疾的《水龙吟·登建康赏心亭》；另一些属于即事抒怀类，只不过事件非作者亲历，而是随滚滚江流远去而又未被湮灭的历史；再有一些则侧重于咏写历史人物。其实无论哪一种，都不外乎感慨世事变迁无常、人世短暂而自然永恒、借古讽今、借古伤己等立意，如纳兰性德的《浣溪沙·姜女祠》。

浣溪沙·姜女祠

纳兰性德

海色残阳影断霓，寒涛日夜女郎祠。翠钿尘网上蛛丝。

澄海楼高空极目，望夫石在且留题。六王如梦祖龙非。

再如韩庚达同学的《摊破浣溪沙》。

摊破浣溪沙

韩庚达

一代江山一代人，去年花叶去年春。欲问风流何处看？史书文。

暮雨高唐无限恨，夕阳赤壁几多魂。都是寻常兴灭事，化轻尘。

这首词以自然界往复循环之永恒，对比出江山与人世变换之速，而史书文章中风流人物为时代之大浪淘洗尽、雨打风吹去的现象，更体现出人事兴衰的空幻无常，深沉的感喟由此生发。

今人填咏史怀古题材的词，可以尝试在立意上进行突破。比如，门阀制度下会有“上品无寒门、下品无士族”的现象，庶族知识分子或者说平民阶层，是很难跻身上流、实现人生抱负的，有左思的《咏史》为证：“郁郁涧底松，离离山上苗。以彼径寸茎，荫此百尺条。世胄蹑高位，英俊沉下僚。地势使之然，由来非一朝。……”而现代社会人凭借学识才品，显然能够在更大程度上改变命运，实现自身价值的人生之路也更加坦阔与多元。可见，固有今不如古之处，而亦有古不及今之处。咏史怀古词的立意未必止于讽伤，亦可以是赞颂等积极情感。像如毛泽东的《浪淘沙》，便是于怀古之中真实自然地流露出对时代的感喟。

浪淘沙

毛泽东

大雨落幽燕，白浪滔天，秦皇岛外打鱼船。一片汪洋都不见，知向谁边？

往事越千年，魏武挥鞭，东临碣石有遗篇。萧瑟秋风今又是，换了人间。

这首词上片写秦皇岛海景与劳动人民的生活，下片怀想古代风流人物，最后的“换了人间”，已非单纯地感喟人世更迭，更暗含着对新的人间——新政体、新时代的礼赞，升华出豪迈的激情。

总之，前人的立意可学，但不可宥。当然，所谓“赞叹”，亦当追求恳切、真诚、深刻，莫作屈心逢迎、粉饰太平之语。

前四类词作中，景、事形象与词人情思有明显的表里、触生关系，词作也在刻画形象上较为用力。还有一些词作则比较淡化景与事的形象，写作的主要内容集中在词人的情感上，如纳兰性德的《采桑子》。

采桑子

纳兰性德

而今才道当时错，心绪凄迷。红泪偷垂，满眼春风百事非。

情知此后来无计，强说欢期。一别如斯，落尽梨花月又西。

这类词作在今人作品中亦不胜枚举。要注意的是，这类内容宜选择篇幅短小的令词，倘若中调、长调不注重形象刻画，读来难免无味。

以上是基于作品内容-情感的大致分类，其实从形式上，传统词作还有代言词、自言词、酬赠词和题词等数类。

三种形式的继承与拓进

首先是代言词和自言词。

代言与自言之别，在于词人是否是作品中的抒情主人公。像温庭筠的《菩萨蛮·小山重叠金明灭》为闺中思妇之代言，李清照的《醉花阴·薄雾浓云愁永昼》则为闺中思妇的自言。

词人在酒宴花间为歌伎填词，供其演唱，自然免不了创作代言词，以女子口吻抒写女子之情意。另外，男性词人对心上人的思念，也常以代言体写成，这种写法用于含蓄、间接地表达自己的思念。其实现在男音乐人以女子视角创作的歌词，也是代言词。

要注意，代言词不等于咏人物的词作。后者是呈现人物的客观形象，是写“我”眼中的“他/她”，换言之，是“为”对方填词。如这首《金缕曲》便属于咏人之词，咏写对象为褚时健。

金缕曲

韩庚达

褚老长辞矣 。九十年，苍苍白发，佣耕门第。曾忆云滇风光客，缧绁一朝而已。重拾得、古稀志气。郁郁金橙汗与泪，未随波，拼却应无悔。纵折翮，学精卫。

千磨万击寻常事。问人生，几番俯仰，长吟笑对。谣诼沉浮褒和贬，不过春风马耳。且见惯，搏人魑魅。功过是非谁能定，盖棺时，自有天评尔。回首处，任风起。

而代言词，实则把“我”当作“他/她”，写“我”的形象、情思、故事，换言之，是“替”对方填词，如柳永的《定风波》。

定风波

柳 永

自春来、惨绿愁红，芳心是事可可。日上花梢，莺穿柳带，犹压香衾卧。暖酥消，腻云亸，终日厌厌倦梳裹。无那。恨薄情一去，音书无个。

早知恁么，悔当初、不把雕鞍锁。向鸡窗、只与蛮笺象管，拘束教吟课。镇相随，莫抛躲，针线闲拈伴伊坐。和我。免使年少，光阴虚过。

本词以女子的口吻写女子的生活、相思之愁怨与长相厮守之心愿。

我们切勿以为代言不如自言之词，其实二者各有其魅力。如今我们对代言词加以继承的同时，更应当谋求发展，比如让代言对象及与“我”的关系都进一步丰富，延广至各种社会角色、各种人伦关系。其实，创作代言词，既是跳出“我”，全情地体贴另一个生命的过程，又是基于“我”，含蓄地表达“我”对抒情主人公的情感的方式。

有哪些深深感动过你的人物，让你愿为之填一首代言词呢？

其次是酬赠词。

古人之诗词，多为自我遣怀之用，但有一些也承担着交际的功能。作诗寄予他人，谓之投赠，常在题目中有“寄”“赠”等字，如纳兰性德的《金缕曲·赠梁汾》。

金缕曲·赠梁汾

纳兰性德

德也狂生耳。偶然间、缁尘京国，乌衣门第。有酒惟浇赵州土，谁会成生此意。不信道、遂成知己。青眼高歌俱未老，向尊前、拭尽英雄泪。君不见，月如水。

共君此夜须沉醉。且由他、蛾眉谣诼，古今同忌。身世悠悠何足问，冷笑置之而已。寻思起、从头翻悔。一日心期千劫在，后身缘、恐结他生里。然诺重，君须记。

文人之间作诗填词，一来一往，我们称之为“相唱和”。先来者为赠，后往者为和。如以下二首之唱和。

贺新郎·寄辛幼安和见怀韵

陈　亮

老去凭谁说。看几番、神奇臭腐，夏裘冬葛。父老长安今余几，后死无仇可雪。犹未燥当时生发。二十五弦多少恨，算世间、那有平分月。胡妇弄，汉宫瑟。

树犹如此堪重别。只使君、从来与我，话头多合。行矣置之无足问，谁换妍皮痴骨。但莫使伯牙弦绝。九转丹砂牢拾取，管精金只是寻常铁。龙共虎，应声裂。

贺新郎·同父见和再用韵答之

辛弃疾

老大那堪说。似而今、元龙臭味，孟公瓜葛。我病君来高歌饮，惊散楼头飞雪。笑富贵千钧如发。硬语盘空谁来听？记当时、只有西窗月。重进酒，换鸣瑟。

事无两样人心别。问渠侬：神州毕竟，几番离合？汗血盐车无人顾，千里空收骏骨。正目断关河路绝。我最怜君中宵舞，道“男儿到死心如铁”。看试手，补天裂。

投赠词承担着交际功能，所以宜有针对所赠之人的具体情感，如离别之不舍、久别之牵挂、宽慰叮咛、互相勉励等等。至于所和之词，应当对原词的内容与情思有所回应。

值得注意的是，古人酬赠与唱和时，写诗还是多于填词，隔辈之间的酬和更是如此。这一来与词晚出于诗的客观因素有关，二来也与文人的文化心理有关：诗体更庄重些，宜言士大夫之抱负以慰勉，晚辈作诗投赠师长，更显恭敬，师长作诗寄晚辈，更具严肃性。

这些观念上的束缚于今人而言已可摆脱。毕竟如今词已不入乐，其文体也不会减损内容与情感的庄重性。

如今我们填词，既可以向友朋，亦可以向师长与后辈致意，如以下几首。

临江仙·寄军训诸生

昌　盛

才把龙门跃了，戎装便入军门。辞歌一阕写精神。男儿多气血，飒沓共帼巾。

声远八方天地，形收万里江云。存来壮志永耕耘。才华新日月，肝胆正乾坤。

这首词是我担任班主任之初，为军训中的学生所写。上片以回顾起，从昔日中考辉煌、顺利入学，写至而今营中训练，男女生皆有飒爽神气。下片写训练时呼喊声之悠远宏壮、队形长而齐整，最后希望通过军训磨炼出的意志品质能够伴其终生，以展望结。

浣溪沙·教师节赠昌盛老师

周禹任

草木初黄又一秋，今年归雁去年留。飞光闲度水推舟。

曲径求知多际遇，高山弹瑟少从游。惟将诗句寄风流。

此词作于作者与我结缘的第二个年头，上片点出创作时间以呼应题目，重在写时序推移，光阴流逝；下片对仗两句，分别写作者自己的求学经历和所赠老师的特点，末句交代创作意图、抒发情感。

苏幕遮·寄昌盛老师

王天健

忆昌师，思细故。忙室难寻，筝语悠扬处。欲借旧思为新赋，力不及心，惟叹才不复。

恐沉沦，当刻苦。吾誓加鞭，莫将前功负。一曲弦歌心永驻，待到明朝，更把恩情诉。

这位同学高一高二两年的语文课和诗词写作课由我教授，当时课上我偶有弹筝吟诗之举。这首词写于其高三入学后，上片是对老师的思忆，以及对自己久未作诗、手底生疏的感叹，下片承接“惟叹才不复”，继而生出“沉沦”之恐、“刻苦”之志、诉恩之愿。

另外还有题词。

古代文人有题写诗词于壁上、书画卷上的习惯，如辛弃疾的《丑奴儿·书博山道中壁》。

丑奴儿·书博山道中壁

辛弃疾

少年不识愁滋味，爱上层楼。爱上层楼，为赋新词强说愁。

而今识尽愁滋味，欲说还休。欲说还休，却道“天凉好个秋”！

陆游的《钗头凤》则题于沈园小阕壁间。

钗头凤

陆　游

红酥手，黄縢酒，满城春色宫墙柳。东风恶，欢情薄。一怀愁绪，几年离索。错、错、错！

春如旧，人空瘦，泪痕红浥鲛绡透。桃花落，闲池阁。山盟虽在，锦书难托。莫、莫、莫！

身处现代的我们，或许已无机会率性题壁，只能把才思沉淀于笔底纸上，不过题于自己收藏的书画作品之上亦未尝不可。海淀区有一道微写作考题，便可视为题画诗词创作。题干参见本书第162页。

画中有梅、竹、石、雪四个要素，既然要素比较多，就需要梳理其关系，确定其主次，并于词中安排其出场。

且看学生马赛龙的习作。

金缕曲

马赛龙

丹青巧画处，绛梅雪，虬枝纵横，岁寒风骨。红萼宜簪霜过后，尚有暗香轻吐。清芬扬，枝头锦簇。历尽冰霜犹未死，任桓尹，吹彻雪中树。听风语，惊寒兔。

又见花底青竹伫，经三九，孤直有节，难折玉骨。敛容低首异众草，苍翠不似凡木。错根盘，乱石深处。不争姿容赖阳春，二君子，涸辙安如素。叹高格，聊成赋。

本词开篇一句，明确了题写的对象“画”和其艺术特质“巧”，统摄全篇；接下来上片描绘雪中梅，落实了其中两个要素；下片转写青竹盘根于乱石，落实了另外两个要素。空间上，梅上竹下，故写作时梅先竹后，同时，以雪衬梅、以石衬竹，在要素的关系上有主次设计，最后提炼出梅、竹的共性，以“二君子”进行概括与升华，进而抒发情感，收束全篇，非常有章法。

词的创新也可以发生在词的形式上。

我们是不是必须为自己唱不出来的古乐填词呢？我想不是的。我们学习填词，其实是掌握了一种用诗的语言去抒情的能力，所以我们完全可以为当下流行的音乐填词。和古人的“倚声填词”一样，我们在乐句句尾押韵，在句中保证歌词的字音、节奏与音乐形态协和，再展示出词特有的句式和修辞，想填出古雅唯美甚至超越原作品的歌词，都不在话下。我在填词课上也布置过为流行音乐填词的作业，学生有为《菊花台》填词的，也有为《天空之城》填词的，既有意思，又挺成功。

最后要明确一些我们填词未必需要涉及的内容。随着社会形态和生活方式的变化，一些传统词作的主题已经淡出现代人的生命：知识分子未必入仕途，更少有“迁谪流放”的打击；挚爱亲朋的别离因信息时代的到来，而不大可能会“音书断绝”；也再难有才子佳人于秦楼楚馆中浅斟低唱、眉目传情……那么与之相应的谪贬题材、闺怨题材也会大大减少，即便涉及艳情，其内容也不可能与唐宋词毫无差别。对于那些充塞于传统词作中，却于当代早已匿迹的题材，即便具有很高的文学艺术性，我们也无甚必要去构拟、复现，或者说即便尝试仿作，也当适可而止，不该以之作为自己创作的主要方向。

纵使世殊事异，词在当代依旧有着广阔的开拓空间和饱满的生命力。我们应当秉持写真景物、真事件、真生活、真感情的理念，将填词艺术继承并发展下去。

词在音乐层面的再开拓

词的创新，还可以在词的载体上下功夫。

词的载体本是音乐，那“失传”的音乐，我们能不能恢复呢？在一定程度上是可以的。我们学习工尺谱的乐理知识，再利用好《九宫大成南北词宫谱》《碎金词谱》等文献资料，是可以还原古时（即便不是唐宋时期，也至少是明清时期）的词乐的。把经典的或原创的词作，放回古乐中去演绎，这种美感远胜于诵读。

这里展示一首古调《如梦令》。

如梦令

古调

♩= 60　　　　　　　　　　　　　　　　（宋）李清照 词

1 = C 4/4　　　　　　　　　　　　　　　《碎金词谱》曲

昌盛记谱，有改动。

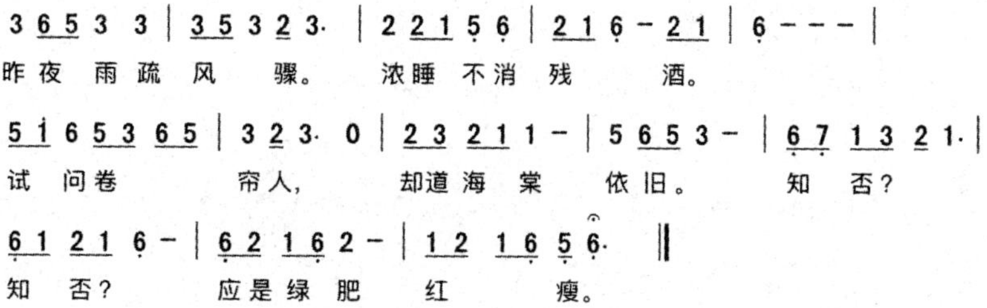

用古曲去唱词，确实能够最大限度地展现词作声律之美，但我们现在的音乐不属于燕乐系统了，古曲的调式、调性和旋律也并非所有人都欣赏得来，所以，今人传唱词作，也不一定要完全依照古谱。为既有的词篇创作乐曲，又有何不可？再进一步，自己度曲、填词、自弹自唱，也都非常有趣，你的生活品质将得到进一步提升。

这里展示人大附中学生的两首作品。

浪淘沙

词：李煜

曲：明家歆

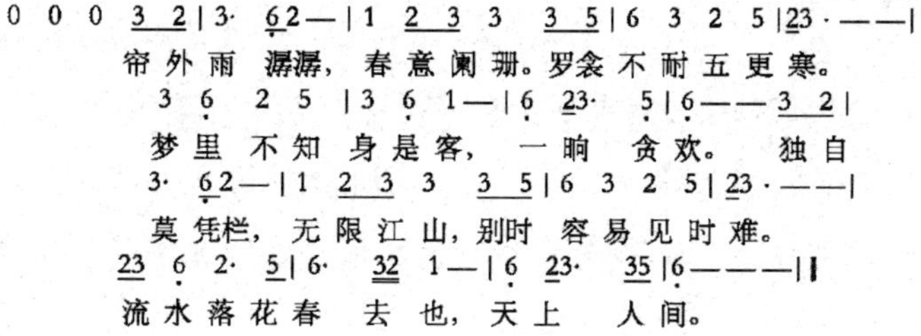

减字木兰花·西堤独步

词、曲：张亦晨

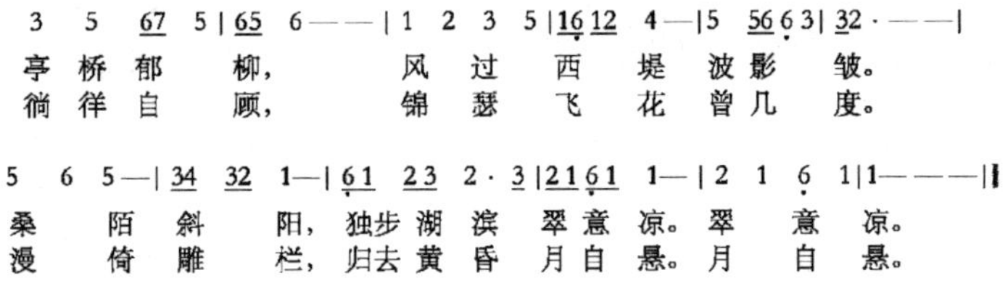

学生的创作非常精彩，当然乐谱还可以进一步推敲。从汉语语音特征和音乐的关系去看，为词作创作旋律还需关注以下几点。

一是正字。

“声调和曲调吻合的状况，我们称之为‘正字’，‘正字’正是曲与词在声韵结合上的基础，对于生动地表达情感，对于加强歌曲的美感，对于听懂词义，都是有重要意义的。”陈国权在《歌曲写作教程》中如是说。比如《浪淘沙》中的“流水”，“流”字声调是阳平，在普通话中音高向上走，所以用“re-mi”唱“流”就非常合适；“江山”都是阴平，音高不变，所以可唱作“mi-mi”。相应地，如果旋律和声调的走向不同，则称之为“倒字”，比如把“人”唱作“so-mi”。

二是平长仄短、平直仄曲。

平声长，仄声短，去声与入声尤其短，而平声的音高变化幅度不如上、去声明显。如果乐曲能够照顾到词作声调上的特点，那么作品会更加动听。譬如在上面那首《减字木兰花》中，“独步湖滨”“归去黄昏”两处，“步”“去”字上的旋律短一些，而“湖滨”“黄昏”上的旋律拖得长一些，这就很好地体现了词作的语音特征，唱起来也非常舒服。

三是入短韵长。

能够辨别入声字的读者，尽量把入声字处的旋律写得高、短一些；而遇到韵脚（无论是平声还是仄声）时，音符的时值就应比别处长一些。

第四章

古韵今声

小议旧体诗词的时代创新

诗词创作要有时代气象，方为鲜活。正如白居易在《与元九书》中所说："文章合为时而著，歌诗合为事而作。"从《诗经》、楚辞，到宋词元曲，乃至近代诸家，古典诗词的体裁、题材、风格一直在变化发展中。应该说，诗词的时代创新不单单是我们今人的事情，而是自古以来每一代诗人思考的问题。

诗人余光中先生曾说："一位真正的现代作家，在视觉经验上，不该只见杨柳而不见起重机。"我想这句话的意思应该是今天的作家、诗人，应该去发现现代事物和现代生活的趣味与美，而不是千年不变地吟赏风月。

今天我们学习旧体诗词创作，当以模拟古人始，又必以自创新声终。只有从古代的经典作品入手，深入掌握旧体诗词的道与法，才能有扎实的基础，进而去追求"从心所欲而不逾矩"的境界。基于此，我们人大附中为期一学期的诗词写作课才把更多的时间放在了"学古"上，但这并不等于这门课程提倡复古。我们在最后一节课讲旧体诗词的时代创新问题，正是倡导一种今后写作的方向。

人教版高中语文选修教材《中国古代诗歌散文欣赏》中选录了一首清末诗人黄遵宪的《今别离》，曾经引起我的兴趣，兹录全诗于下。

今别离

黄遵宪

别肠转如轮，一刻既万周。眼见双轮驰，益增中心忧。

古亦有山川，古亦有车舟。车舟载离别，行止犹自由。

今日舟与车，并力生离愁。明知须臾景，不许稍绸缪。

钟声一及时，顷刻不少留。虽有万钧柁，动如绕指柔。

岂无打头风？亦不畏石尤。送者未及返，君在天尽头。

望影倏不见，烟波杳悠悠。去矣一何速，归定留滞不？

所愿君归时，快乘轻气球。

这是一首古风，却古而不古。黄遵宪是一位很有时代眼光的诗人，他很早就开始思考旧体诗词的创新，将近代伴随科学而涌现的新生事物和新的社会现象写进旧体诗里。他的《今别离》共有四首，咏及轮船、火车、电报、照相、热气球等新生事物。他还结合时差现象展开想象，把“别离”这一古老的话题翻出新意，彻底跳出“折柳”“灞桥”的窠臼，别开生面，给人耳目一新之感。

黄遵宪倡导“以旧风格含新意境”，结合其诗歌作品可见其中有两层含义：一是保持旧体诗固有的风格韵味，二是着力开拓新内容新境界。写出“旧风格”的关键在于遵守旧体诗的文体形式和语言习惯，而塑造“新意境”的关键在于采用新意象、阐发新思想、发掘新趣味。他笔下的《伦敦大雾行》《登巴黎铁塔》等作品都体现了这个特征。

我们再来看胡适的《蝴蝶》，这是一首大名鼎鼎的作品。

蝴 蝶

胡 适

两个黄蝴蝶，双双飞上天。
不知为什么，一个忽飞还。
剩下那一个，孤单怪可怜。
也无心上天，天上太孤单。

这首诗虽然在文学史上具有划时代的意义，然而从“以旧风格含新意境”的角度来看，却是一次失败的创新实验。它既谈不上旧风格，也谈不上新意境，实际上是为白话而白话。所以，无论我们是从诗歌创作的角度对其加以否定，还是一定要认为这是一种别有意趣的风格创新，我认为它都不适宜作为初学者以古韵咏今声的学习方向。

我们来看一首课堂练习之作——七言古风《咏微信》。

咏微信（新韵）

马赛龙

南北慢慢愁归途，相思只教眼底枯。
岭外音信无所得，频烦鱼雁不足书。
微信世人皆已识，莫劳驿使马上辞。
君住江头我江尾，冷暖悲欢两心知。
岁岁红莲思悠悠，人间别久无须愁。
昔日若得仙家术，不用烽火戏诸侯。

音书常往情相隔，自觉诸事转淡薄。
闲将旧人思量过，白发如新不胜说。
信不至时长相忆，信易至时犹厌多。
管城子用武无门，熟宣已积三寸尘。
福兮祸兮难自料，劝君莫做痴愚人。

我认为这是一首比较成功的“古韵今声”。在咏微信时，作者展开联想，让微信这一新的通信方式与“岭外音信”“鱼雁”“驿使”等古诗词中常出现的意象产生联系，把微信放在一个旧体的语境中，不致有唐突之感。而且诗歌的语言表达借助古诗之力较多，如“君住江头我江尾”“管城子用武无门”“福兮祸兮难自料”等句子，直接脱胎于古人成句，这也是诗歌整体呈现旧体风貌的重要原因。此外，本诗的可贵之处还在于能够思考微信给人们生活带来的变化，如“音书常往情相隔，自觉诸事转淡薄”“信不至时长相忆，信易至时犹厌多”等句子对微信的负面影响有一定的思考，这就能反映时代问题。

我们再来看一首五言古风。

咏微信

王纪元

锦书须臾至，万里可互聆。
相思少独泣，别离减愁情。
友朋今日事，略览心中明。
何时需共议，四海聚一屏。

闲来话桑麻，忽尔尽余暇。
或迷此间意，身边不觉察。
亲朋同赴宴，持之非一家。
君共风雨叙，我与牛马茶。
浅尝知妙味，久用道悲乏。
天涯作咫尺，咫尺作天涯。

这首诗很好地把握住了五言古风的特点：质朴浑厚，韵味悠长。全诗在“或迷此间意，身边不觉察”一转，正符合长篇古风在篇章结构上“一波三折”的布局要领，对微信欲扬先抑，进行深刻的反思。其诗最妙处在结尾句：“天涯作咫尺，咫尺作天涯。”既扣住微信缩短了人们的通信距离的特点，又含着微信拉大了情感距离这层意思，以此收束全诗，精巧而有余韵，极富辩证的趣味。

以上两首古风作品，七言者抒情酣畅，痛快淋漓，五言者叙述简约，质朴有味。结构上富于变化，摇曳生姿。两首诗咏物咏得透彻，又符合古风的艺术特征，文质兼美。

我们再来看一首律诗《咏高铁》。

咏高铁·丁酉初冬有感

辛　衍

钢身始作千锤出，霜雪言他未敢留。
亦自浮云难望企，何堪瑞马共从游。
一归梓里唯弹指，万丈风雷且合眸。

窗后观花驰更疾，剑门微雨意将休。

高铁应该是最能见证“中国速度”的科技成果。它改变了千家万户的生活，与我们每个人息息相关，更在新时代的国家战略中起着关键性的作用。这首诗以起句最为精彩，描写高铁千锤百炼，钢筋铁骨，横空出世，风雨无阻，把高铁一往无前的勇猛气势写得淋漓尽致。高铁这一“出”，这首诗的气魄也出来了。随后又以浮云、瑞马来衬托，取譬颇有古意。颈联以弹指、合眸作夸张语，写高铁的速度之快。结尾用陆游“细雨骑驴入剑门”（《剑门道中遇微雨》）的典故，意指如今的诗人坐高铁根本来不及作羁旅之感怀，思考了交通大发展对文学创作的影响。

我们再来看解村老师的一首作品。

戏咏手机（新韵）

解　村

何故胸怀久不平？铿锵澎湃作长鸣。
行身自有通天术，传语堪夸缩地功。
人事千般心上挂，河山万里掌中轻。
一朝欠费成羞涩，始笑英雄在网中。

2014年北京市高考题大作文的题目是“手机”，解村老师的这首咏手机乃是当年有感而戏作。这首诗重点在于挖掘手机之“趣”。中间两联对仗精巧，以“通天术”“缩地功”两个词极言其连通万里的功能，以“心上挂”“掌中轻”写手机身型微小，却储存着我们的各种重要信息，为我们呈现视听之外的大千世界。这就为结尾的一转做好了铺垫。正是因为我们过度依赖手机，所以一朝欠费停机，诸多不便即随之而来，好似虎落平阳，龙困于池。“英雄在网中”，一语双关，既指在手机网络中，也指为手机所束缚。如此，这首诗于幽默诙谐之间引发了我们的深思。

以上两首律诗皆是咏物佳作。律诗咏物起句当不凡，引人入胜，又常以颔联、颈联承担正面咏物的重任。这两首诗对仗工稳，铺叙通透。其妙处犹在结尾句，能够画龙点睛，引人深思。通篇用语古朴典雅，端庄大方。

我们再来看一首词——昌盛老师的《调笑令》。

调笑令

昌　盛

花谢，花谢，无限人间离别。
奇机日进如飞，何由梦杳信微。
微信，微信。
续得音书不尽。

词有词牌的限制，合适的词牌能够与词作的内容相互配合，相得益彰。《调笑令》中有二字叠句，较适合对“微信”一物进行强调与叹咏。起首比兴，由花谢写到人间离别，引出自古以来人们都想要解决却又无法解决的难题；次二句转写科技日新月异，一定程度上慰解了别离带来的魂梦杳、尺素稀，且“微信”之前一句须倒写“微信”，即“信微”，于是造此句；下一句承上一句，始呼唤出所咏之物，续音（语音）续书（文字），告慰离人。诗言志，词言情，本词虽然吟咏高科技事物，却从人生真情处立意，款款动人，细腻温婉，不失词家风雅。

总而言之，以古韵咏今声，一方面要注意咏出新形象、新意境、新思考，另一方面要注意保持旧体诗词固有的审美风格。这里面固然有技巧的问题，但更多的是见识、趣味和胸襟的问题。所以，以古韵咏今声的诗词写作，还寄托着我们这样的教育理念：我们期待着我们的学生既有深厚的传统文化修养，又有前卫而活泼的头脑与视角。

今天的中国社会，其发展日新月异，新生事物层出不穷。科技的跨越式发展更推动着社会结构、生活方式的深刻变革。今天的诗人不应"躲进小楼成一统"（鲁迅《自嘲》），而应该踏遍青山、放眼世界。旧体诗词不应该成为被尘封的古董，而应该伴随着中华民族自我革新的步履，勇敢向前。

小而言之，旧体诗词的时代创新关系着一种文学体裁的生与死；大而言之，旧体诗词的时代创新还关乎我们的文化自信——既是对传统中国文化的自信，也是对今日中国发展的自信。

王国维在《人间词话》中说"凡一代有一代之文学"，这句话虽是就文体的演变讲的，但我们不妨断章取义，推而广之。在我看来，旧体诗词要重新回到我们的生活中，焕发新的生命力，就必须自辟一条新路，走进现代生活，与二十一世纪的中国紧密地联系在一起。

附："古韵今声古典诗词创作大赛"师生诗作欣赏

咏手机

昌　盛

俯仰今古只倏忽，中有英才迭代出。
道随沧海同流转，技共狂沙各沉浮。
咏之不足君须看，一物揽尽春风面。
依约指间好文章，分明耳畔曾相见。
通天缩地自风流，谁复煮酒浇新愁。
不作锦书托北雁，空将明月照西楼。
久而手眼皆酸痛，可怜今夜霜华重。
何如消息竟沉沉，赠我一夕离别梦。
鱼龙同渊君莫舞，莺儿燕子俱黄土。
此间利弊终有分，心存小辈须叮嘱。

冬至咏手机和解村（新韵）

王　强

圣人明理能知常，寒气森森生一阳。
最宜浑浑守静笃，根荄萌生莫挽强。
遂有解生倡佳咏，挥毫落玉快作行。
我辈因之能缩地，汉之广矣一苇杭。
尝畏游学思故旧，满地江湖必有方。
鱼雁音书飞不度，唯此颇能慰断肠。
公余且抚掌中物，精骛接天山水长。

曾经匡衡凿壁苦，夜读如今不偷光。
屏开迤俪皆垂首，上士闻道不窥牖。
鲲鹏大梦几千里，只今匏瓜一杯酒。
终日乾乾思往事，历历在手不复有。
枯对画屏叹息罢，少年长忆曾击缶。

咏高铁

徐湘男

中原有诡道，挥掌降青龙。
铁骨钢鳞被，电筋石枕横。
眷诚人字路，土木转悬工。
瞬尔千峰过，众轮发力同。

咏高铁（新韵）

孙艺逐

白玉铸身钢作骨，
千锤百炼见真容。
黑水白山古难越，
潜龙一瞬入关中。

七律·赞高铁

李嘉萱

千古山川横没路，征人思怨赴东流。

扁舟不渡九重浪，快马难追万里忧。
半段桥平天堑道，一张票解故园愁。
自经高铁御风去，游子断肠方始休。

咏手机

伊　珞

古有刘十九，酌词从乐天。又及长干女，俟书老红颜。
元二使安西，尽酒无故园。董大离寒北，纷雪有情还。
今者待离别，音信有万端。电话诉衷肠，短信写悲欢。
通讯只手握，联络单板键。便我通音言，更兼 MP3。
娱乐有游戏，学习得词典。游戏勿玩久，词典宜持远。
开我新视界，解我千百难。切莫沦于此，人生本苦短。

咏手机

赵昕琛

夜中不能寐，起坐玩手机。
指落鸟飞避，刀起果满屏。
明暗素牵心，按点总关情。
股掌容天地，方寸任我行。

咏微信（新韵）

宋元一

劳雁何须担信使？自得微信掌乾坤。

能怀朋友千番事，可付生活万贯金。
卿逢陌路如知己，侨客天涯若比邻。
相思自古皆曾诉，恨只传音不见人。

咏双十一（新韵）

傅紫瀛

本因独者盼佳偶，反望单身得妙缘。
孰料何时孰渐起，竟为网购巧相联。
目煎商品价成半，心恐供销库不全。
苦待物归钱尽逝，惊闻谁赚亿千元。
且清残势懊冲动，又见鹣鲽爱缱绻。
唯叹该节初意改，得来狂罢只空欢。

忆江南·双十一

马纾颜

消费好，
谁解此中难。
双十一来狂购物，
平时节约这时欢。
反倒更孤单。

附录

平水韵部

中华新韵

近体诗的平仄格式

词韵简编

词谱简编

平水韵部

中华新韵

近体诗的平仄格式

词韵简编

词谱简编

后　记

此地有诗，人才方盛

在中学生中较为广泛地开展古典诗词写作活动，这听起来是有些难度，但我们确实做到了。

说起这门课的开设，还要先说说我个人的教学经历。人教版高中语文选修教材《中国古代诗歌散文欣赏》有三个单元的古代诗歌，共有30多首古诗词，篇篇精美，真是一顿饕餮盛宴，集中学习它们让喜爱古诗词的师生直呼过瘾。但正如再美味的佳肴一顿吃尽也会倒胃口，这么多华章丽句集中来袭也会让学生消受不了，甚至产生严重的审美疲劳。于是在第二轮教学时，我想，能不能让学生换个方式、换个角度去亲近这些古诗词呢？譬如试着写写。这个想法让我很兴奋，自己做了一下论证。所谓观千剑而后识器，操千曲而后晓声。孩子们学习了五个必修模块的四个诗词单元，已经有了一定的诗词积累和诗词感觉。自己并不擅长写怎么办？但班里有学生擅长啊，可以让她做个引领。于是在学完选修的第一个诗词单元后，我们就开始动手写诗了。

写起来便一发不可收。题目由我和学生共同拟定，一般都应时或应景。比如第一周先写一个“咏月”，因为月的意象古诗中很多，学生非常熟悉，实在不会写还可以“借鉴”，比较容易上手。形式上五七言均可，律绝不限，只要有个大致主旨、符合律绝的基本字数句数要求，押韵即可。诗题不拘，常应景而出，比如下雪了写个咏雪，学习李白的诗时写个咏李白，有想抒发的情感了写个咏怀，后来的每届学生我都依此例，读三国了写咏诸葛亮、咏刘关张，学生们也会有意学诗词大家写写“无题诗”。当然也会咏叹当代生活，我特别鼓励孩子们借古韵咏今声抒今怀。如咏手机、咏雾霾，这些诗题切近学生生活，常能激发出很多好诗好句。填词就依孩子们，从字少的开始，十六字令、长相思、卜算子等。这样伴随着选修第二、三单元的诗词学习一路写下来，就写了五六个诗题、填了三四个词牌了。每到高二的这个学段，我们就会掀起一波写诗的热潮，班级年级也会涌现出一批“著名”诗人，根据写诗风格，我还将其归纳为经典派、文采派、写实派、诙谐派。于是看起来阳春白雪高不可攀的古诗词写作就这样被这些十七八岁的学生玩转了，他们每日沉浸其中，乐此不疲。事实证明，每一个学生都有诗的情怀，摘金夺银的数理生也都有成为诗人的潜质。

学生们从写的角度、在遣词造句中感受古典诗词的魅力，积累典故，鉴赏审美的能力自然提高，还体会到运用雅言的快乐，学会一种文雅凝练的表达方式。古典诗词以这种方式走进学生心里，我相信它们真的会在学生心里生根发芽。这是不是就是现在所倡导的传统文化的落实呢？作为语文老师，我总是希望我们培养的学生能有一点儿中国人的特质，那该是炎黄的血脉和诗的气质，或沉静优雅，或刚健质朴，总之他们一定是文化的中国人。

在此分享人大附中 2010 级两位同学当年的习作，一诗一词，一庄一谐，一咏古一叹今，一追风少年，一妙龄淑女。

咏诸葛亮

李承璋

冲空杀气鼓金鸣，五丈原前列甲兵。
深谷日中飞骤雨，长天夜半落妖星。
东风飒飒西川庙，南曲悠悠北魏亭。
帝相泉台怀旧事，应嗟当日论桓灵。

长相思·品柿

毛　江

叶金黄，果金黄，柿落晶莹迸玉浆，顽童馋嘴尝。
汁甜香，肉甜香，露冻冰凌蜜碎霜，垂涎盼落芳。

在我带领学生们写古体诗词的过程中，语文组的诸多才子老师受到感染，自觉参与进来，他们的试水引领了古诗词写作的新高度。后来人大附中语文组和槐雪诗社还共同倡导开展了全校“古韵今声古典诗词创作大赛”。

学生们的热情，老师的参与与引领，使我萌生了开设一门专业古典诗词写作选修课的想法。其实之前就有我 2013 届的学生王心冉和语文组高超老师一起开过一门校本选修课。而这一次时机成熟后，就有了一门深受学生欢迎的国家级选修课——“中国古典诗词写作课”。这门课我选派了语文组三位才子解村、王强、昌盛老师担纲，分别教授近体诗、古风、填词。我相信孩子们在比较专业的教师指导下诗词写作能力会有更大的提升，事实证明的确如此。如今这门选修课已开了几期，颇受欢迎，每期爆满。如今已被学校列为国选录像课，放在网上共享，接受人大附中教育联盟校学生网上选课。我们还曾经刊印学员诗集《南窗酬唱集》，供内部交流分享。如今三位年轻老师将他们上课的教案整理成书，希望能分享给更多喜爱古典诗词或也想尝试古典诗词创作的朋友们。

不知你是否还记得网上关于“一壶酒”的续诗热潮？在2016年的春天，该热潮终于发展成一场浩荡的诗词盛宴。2017年春天，央视连续推出的《中国诗词大会》节目，更唤醒了国人对中华诗词的喜爱。谁说“国人诗性已死”？那一种古老的美丽始终在传承。

搁笔又忆起语文组高建忠老师为“古韵今声古典诗词创作大赛”所写的题词：此地不可无诗/这样一片充满朝气的热土/这样一群风华正茂的少年/除了诗歌/还有什么能激扬你的文字/还有什么能抒发你指点江山的气魄。是的，此地有诗，人才方盛。

中国人民大学附属中学

王　艳

图书在版编目（CIP）数据

走进古典诗词写作/解村，王强，昌盛著．--2 版（修订版）．--北京：中国人民大学出版社，2020.9
（人大附中名师语文课/王艳主编）
ISBN 978-7-300-28551-1

Ⅰ．①走… Ⅱ．①解… ②王… ③昌… Ⅲ．①古典诗歌-诗歌创作-创作方法-中国-高中-教学参考资料 Ⅳ．①G634.303

中国版本图书馆 CIP 数据核字（2020）第 169984 号

人大附中名师语文课
丛书主编 王艳
走进古典诗词写作（修订版）
解村 王强 昌盛 著
Zoujin Gudian Shici Xiezuo

出版发行	中国人民大学出版社		
社　　址	北京中关村大街 31 号	**邮政编码**	100080
电　　话	010－62511242（总编室）		010－62511770（质管部）
	010－82501766（邮购部）		010－62514148（门市部）
	010－62515195（发行公司）		010－62515275（盗版举报）
网　　址	http://www.crup.com.cn		
经　　销	新华书店		
印　　刷	北京宏伟双华印刷有限公司	**版　　次**	2018 年 2 月第 1 版
规　　格	148 mm×210 mm　32 开本		2020 年 9 月第 2 版
印　　张	11.375 插页 2	**印　　次**	2020 年 9 月第 1 次印刷
字　　数	229 000	**定　　价**	49.80 元